그럼에도 지구에서 살아가려면

KB023692

그럼에도 지구에서 살아가려면

종말로 향하는
지구의 방향을 바꿀
9가지 녹색 제안

장성익 지음

풀빛

지리산이 가르쳐준 것

1980년대 중반 대학교 1학년 때 친구 둘과 어울려 지리산 등반을 한 적이 있다. 아주 오래전 일이지만 지금도 생생하게 기억한다. 고생도 많이 했고 우여곡절도 적잖게 겪은 탓이다. 때는 여름방학이던 8월 초였다. 등반 코스는 경남 산청군 중산리에서 출발해 천왕봉 찍고 세석평전을 거쳐 거림골로 내려오는 여정이었다.

암초는 산 초입에서부터 도사리고 있었다. 당시 그 일대에는 태풍이 바투 다가오고 있었다. 비바람이 거셌다. 고향인 부산에서 처음 출발할 때부터 태풍 소식을 듣고는 있었다. 하지만 일기예보로는 그리 강한 태풍은 아니라고 했던 것 같다. 무엇보다 우리는 인생에서 혈기가 가장 왕성하게 용솟음치는 갓 스무 살 청춘이었다. 날씨 따위가 무슨 대수였겠는가? 한데 이게 뭔가. 등산로 입구의 관리 사무소에서 이런 날씨에 산을 오르는 것은 너무 위험하다며 입산 자체를 가로막는 게 아닌가. 첫 번째 위기였다. 이런 상황을 전혀 예상치 못했던 우리는 잠깐 당황했다. 하지만 이내 의기투합했다. 이 넓은 지리산에 들어가는 길이 여기뿐이겠어? 다른 데로 돌아서 들어가자.

인적이 없는 근처 숲을 이리저리 헤치고 나아가자 어렵잖게 등산로를 만날 수 있었다. 우리는 보무도 당당하게 산을 오르기 시작했다. 하지만 의욕만 앞섰을 뿐 애초 계획한 만큼 속도를 내기가 어려웠다. 무거운 캠핑 장비를 짊어지고서 악천후를 뚫고 나아가야 했기 때문이다. 천왕봉에 이르렀을 즈음에는 이미 사위가 어둑어둑해지고 있었다. 비바람 또한 갈수록 거칠어지고 있었다. 두 번째 위기가 찾아오고 있었다.

본디 산에서는 어둠이 빨리 내린다. 사위가 온통 깜깜해지기 전에 서둘러 텐트 칠 곳을 찾아야 했다. 슬금슬금 밀려오는 불안감을 애써 억누르며 우리는 최대한 발걸음을 재촉했다. 하지만 세석평전으로 향하는 길목 어딘가에서 결국 어둠 속에 갇히고 말았다. 꼼짝없이 길을 잃어버린 것이다. 인적이라곤 찾아볼 수 없는 험준한 산속에서 우리를 둘러싼 것은 칠흑 같은 어둠과 사납게 휘몰아치는 비바람뿐이었다. 우리는 속수무책으로 허둥거렸다. 이제 어찌할 것인가.

과연 지리산은 신령스러운 산이었다. 생각지도 못한 도움의 손길을 보내주었다. 어둠 속에서 누군가가 홀연히 나타난 것이다. 처음에는 깜짝 놀랐다. 겁도 좀 먹었으리라. 태풍이 몰아치는 이 깜깜한 밤에 깊은 산속을 혼자서 돌아다니는 저 사내는 대체 누구일까? 알고 보니 그는 말로만 듣던 산사람이었다. 지리산에서 약초와 나물 등을 캐면서 살아가는, 그래서 지리산의 길을 손바닥 보듯 훤히 꿰고 있는 사람이었다.

지푸라기라도 잡아야 했던 우리는 간곡히 도움을 청했다. 다행히도 그는 기꺼이 길 안내를 맡아주었다. 마침 자기도 세석산장(1996년에 세석대피소로 개축되었다) 방향으로 가는 중이니 자기를 따라오라고 했다. 이런 악천후에는 산장까지는 가야 그곳에서 묵든 근처에 텐트를 치든 하룻밤을 보낼 수 있을 터였다. 휴우. 그제야 우리는 안도의 숨을 내쉴 수 있었다. 두 번째 위기를 넘길 수 있게 된 것이다.

산장은 사람들로 넘쳐나고 있었다. 태풍을 피해 죄다 거기로 몰려든 탓이다. 밤늦게 도착한 우리 일행 세 명이 끼어들 공간은 남아 있지 않았다. 할 수 없이 근처 평평하다 싶은 곳에 서둘러 텐트를 쳤다. 기진맥진한 우리로서는 우선 쉬어야 했고, 뭐라도 먹어야 했다. 텐트에 물이 좀 새는 바람에 잠을 설치긴 했지만, 어쨌거나 시간은 가고 다음 날이 밝았다. 요행히 밤사이에 태풍이 지나가면서 새벽께부터는 비가 그쳤다. 서서히 바람도 잦아들었다. 고생은 했지만 그래도 가장 큰 목표였던 천왕봉 등정은 했으니 우리는 미련 없이 하산하기로 했다.

그런데, 또 다른 난관이 우리를 막아섰다. 애초 우리가 계획한 길로 내려가려면 산장 인근의 계곡을 건너야 했다. 한데 계곡물이 엄청나게 불어나 있었다. 태풍과 함께 쏟아진 폭우 탓이었다. 폭이 그리 넓지는 않았던 것으로 기억한다. 하지만 수위가 높은 데다 급류의 기세가 꽤 거칠었다. 더 위험한 것은 계곡을 건너다 불어난 물에 휩쓸려 떠내려오는 나무토막이나 돌 같은 것에 맞을 수 있다는 점이었다. 괜찮을까? 우리는 잠깐 망설였다.

그러나 우리는 또다시 만용을 부렸다. 금방이면 건너갈 텐데 한번 부딪혀 보자. 용감무쌍하게도 한 친구가 먼저 도전장을 던졌다. 이런 상황에서 몸을 빼거나 주춤거리면 괜히 나약하게 보이는 게 보통의 인간사 아닌가. 젊디젊은 청춘의 사내들이었으니 더더욱 그랬으리라. 나를 포함한 나머지 둘은 하릴없이 고개를 주억거렸다.

세 번째 위기는 그렇게 시작되었다. 한 3분의 1쯤 건넜을까?

결국 사건이 터졌다. 용감무쌍한 친구가 앞장서고 나는 중간이었는데, 뒤따라오던 친구가 그만 발을 헛디뎌 비틀거리다 안경을 떨어뜨린 것이다. 이게 치명타였다. 공교롭게도 시력이 무척 나빴던 그 친구는 문자 그대로 눈앞이 캄캄해진 모양이었다. 그는 겁에 질린 목소리로 말했다. 도로 돌아가자. 난 더는 못 가.

다른 선택의 여지가 어디 있으랴. 위험을 무릅썼다간 진짜 큰 사고가 날 수도 있었다. 우리는 거기서 '회군'했다. 돌이켜 보면 아찔한 순간이었다. 만약 그 친구가 중심을 잃고 넘어지기라도 했다면? 안경이 문제가 아니라 몸이 떠내려갔을 판이었다. 그렇게 해서 우리는 산장으로 되돌아왔고, 산 위에서 하루를 더 머물렀다. 그러고선 모든 상황이 안전해진 것을 확인한 다음에야 천천히 내려왔다. 안경이 없어 연신 더듬거리는 친구를 조심조심 붙잡고서.

이 책을 준비하는 과정에서 이 젊은 날의 경험이 문득 떠올랐다. 책에서 다루고자 하는 얘기와 맥락이 닿아서다.

우리가 겪은 여러 번의 위기는 일차적으로 태풍의 위험 경고를 깔본 데서 비롯했다. 입산 금지령까지 무시했다. 젊음이 선사해 주는 힘과 패기를 과신한 탓에 엄연히 존재하는 위험을 얕잡아 본 것이다. 길을 잃어버렸을 때 맞닥뜨린 위기는 어찌어찌 넘길 수 있었다. 그렇지만 이는 전적으로 운이 좋았던 덕분이다. 산사람과의 조우라는 뜻밖의 행운이 없었다면 우리는 만만찮은 고초를 겪었을 것이다.

정말 심각한 문제는 따로 있다. 그런 고비를 넘기면서도 여전히 위기를 직시하지 못했다는 사실이 그것이다. 위기를 제대로 인식했다면 사나운 급류가 아가리를 벌리고 있는 그 위험천만한 계곡을 건너겠다는 만용을 부릴 수 있었겠는가. 친구가 안경을 떨어뜨리는 예기치 못한 사건이 일어나고서야 비로소 우리는 우리가 얼마나 어리석고도 무모한 짓을 저지르고 있는지를 알아차릴 수 있었다. 알고 보니 우리는 목숨을 잃을지도 모를 위험한 수렁 속에 제 발로 들어가고 있었다. 멈추는 것이, 그리고 돌아서는 것이 살길이었다.

오늘날 이 지구와 우리 인류가 처한 상황이 이와 비슷하지 않을까? 잘 알다시피 오늘날 지구촌에는 유례를 찾아볼 수 없는 위기들이 동시다발로 태풍처럼 몰려오고 있다. 기후재앙을 비롯한 생태 위기와 불평등 심화로 상징되는 사회경제적 위기가 대표적이다. 이 두 가지를 특별히 언급하는 이유가 있다. 자연과 사회야말로 우리 생존과 삶의 양대 원천이거니와, 생태 위기는 자연을 망가뜨리고 불평등은 사회를 무너뜨리기 때문이다. 그런 와중에 삶의 위기, 공동체의 위기, 민주주의의 위기가 더욱 깊어지고 이와 맞물려 가치와 의미의 위기 또한 갈수록 심각해지고 있다.

특히 우려스러운 것은 기후위기다. 지구 시스템 전체를 망가뜨리면서 우리의 지속가능한 생존 자체를 위협하고 있어서다. 여기에 코로나 팬데믹이 온 세상을 강타했다. 이런 상황이 유난히 당혹스러운 것은 단지 여러 위기가 한꺼번에 덮쳐서만은 아니다. 더욱 눈여겨볼 것은 각각의 위기가 서로 영향을 미치고 중첩됨으로써 한층 더 크고 복잡한 고난도의 위기를 빚어내고 있다는 점이다. 이런 현실은 우리에게 무엇보다 문제의 뿌리를 직시할 것을 요청한다.

기후위기는 왜 발생했는가? 인간이 화석연료를 지나치게 많이 사용한 탓이다. 코로나19 사태는 왜 일어났는가? 근본적인 원인은 동물의 서식지 훼손을 비롯한 인간의 무분별한 자연 파괴다. 이것이 뜻하는 바는 뭘까? 우리 생존의 토대는 자연이며, 이 사실이야말로 우리 문명과 삶의 근원적 조건이자 운명이라는 게 아닐까?

오늘날 우리가 맞닥뜨리고 있는 거대한 재난들은 이 지구가 건강하고 평안해야 우리 인간도 그럴 수 있음을 일깨워 준다. 우리의 오늘이 위기와 곤경의 악순환에서 헤어나지 못하고 우리의 내일이 위험과 불확실성의 먹구름에 휩싸이게 된 것은 이 자명한 이치가 무너졌기 때문이다. 우리가 살아가는 이 땅은 조상으로부터 물려받은 것일 뿐만 아니라 미래세대로부터 빌려온 것이기도 하다. 우리가 지구를 함부로 망가뜨리는 것은 미래세대의 몫을 강제로 빼앗는 것이나 다름없다. 그런데도 우리는 현재의 안락과 편리를 위해 미래마저 맹렬하게 갉아먹고 있다. 무책임하고도 부도덕한 짓이다. 기후재앙과 팬데믹 재난 등은 그 필연적 귀결이다.

어디서부터 무엇이 잘못됐을까? 위기의 경보음은 진작부터 울리고 있었다. 그것은 산업화니 근대화니 하는 것들과 함께 처음 시작되었다. 그러다 이 지구가 치명상을 입기 시작한 것은 자본주의 경제성장 체제가 세상을 호령하면서부터다. 이윤 논리에 따라 돈을 신으로 섬기는 자본주의 시스템 아래서 자연과 인간을 모두 망가뜨리는 거대한 생명 파괴 체제가 뿌리 깊이 구조화됐다. 동시에 이는 사회적 지배의식으로 내면화되어 대다수 사람의 삶의 방식으로도 굳어졌다. 위기는 이 과정에서 싹트고 자라났다. 그것도 이전에는 상상할 수도 없었던 어마어마한 규모와 속도로. 그렇다. 우리는 우리 자신을 집어삼킬 괴물을 내부에서 스스로 키우고 있었다.

이제 어찌할 것인가. 젊은 날 나와 내 친구들이 지리산에서 그랬던 것처럼 눈앞을 분간하지도 못한 채 무턱대고 앞으로만 나아간다면 우리 모두 급류에 휩쓸릴 게 뻔하다. 계곡물에 안경을 빠뜨린 친구는 지금도 가끔 만난다. 이 책을 쓰는 도중에도 만날 기회가 있었다. 당시 발을 헛디뎠을 때 심정이 어땠는지 확인차 한 번 더 물어보았다. 예나 지금이나 그의 답변은 한결같다. 그리고 간명하다. "진짜 죽는 줄 알았다."

같은 방법을 되풀이하면서 다른 결과를 바라는 것만큼 어리석은 일은 없으리라. 살려면, 이제 다르게 생각하고 다르게 사는 방식을 익혀야 한다. 오랫동안 당연하다고 여겨온 것들, 익숙하게 길든 것들과 결별할 때다. 그 토대 위에서 새로운 구조와 질서, 새로운 가치관과 규범, 새로운 삶의 방식과 태도를 만들어 나가야 한다. 그리고 이 모두는 지금까지와는 질적으로 다른 것이어야 한다. 그래야 멈추고 돌아서는 '방향 전환'을 할 수 있다. 위기에서 벗어나 살길을 도모할 실마리를 여기서 찾을 수 있다. 지리산에서 젊은 우리가 겪었던 것처럼 말이다.

이 책은 이를 위한 기본 안내서다. 핵심은 이른바 '녹색'의 관점에서 살펴본 의식과 시스템의 전환이다. 열쇳말은 '한계'다. 내가 보기에 위기의 근본 원인은 지금의 지배적인 문명과 사회경제 체제, 현대인의 삶의 방식 등이 모종의 한계를 넘어선 데 있다. 그렇다면 해법 찾기는 그 한계를 겸허히 인식하고 받아들이는 데서 출발할 수밖에 없다. 한계 속에서, 혹은 한계와 더불어 새로운 문명과 사회경제의 표준을 세우고 이전과는 다른 삶의 기술을 익혀야 한다는 얘기다.

나는 이렇게 해야만 위기를 넘어 살길을 열 수 있다고 생각한다. 그래서다. 이 책을 쓴 이유는 무슨 고상한 목적을 이루기 위해서가 아니라 단지 살기 위해서라고 해도 틀린 말이 아니다. 나, 당신, 미래세대, 그리고 이 지구에 깃들여 사는 모든 것이 말이다.

차례

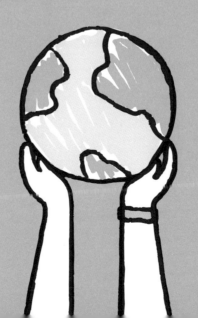

1장

모든 것은 서로 연결돼 있다

연어가 숲을 키운다

연어는 강과 바다를 오가며 사는 물고기다. 연어의 일생이 시작되는 곳은 강 상류다. 여기서 연어는 알에서 부화해 치어가 된다. 강에서 1년 정도 어린 시절을 보낸 뒤에는 강을 따라 내려와 바다로 간다.

연어가 바다에서 사는 기간은 대개 1~5년 정도다. 그렇게 다 자라고 나서는 다시 자기가 태어난 강으로 되돌아가 본향인 강 상류까지 거슬러 올라간다. 귀향길은 만만치 않다. 세찬 물살과 소용돌이를 헤치며 나아가야 한다. 때때로 맞닥뜨리는 장애물도 뛰어넘어야 한다. 그런 과정을 거쳐 상류에 도착한 연어는 암수가 만나 짝짓기를 하고 알을 낳은 뒤 생을 마친다.

그런데 흥미로운 사실이 확인됐다. 연어가 거슬러 올라가는 강 주변의 숲이 그렇지 않은 강 주변의 숲에 비해 훨씬 더 울창하더라는 게 그것이다. 이유가 뭘까?

연어는 몸집이 큰 편이다. 연어의 몸은 살과 뼈에 힘유된 난

백질과 칼슘은 물론, 바다에서 섭취한 질소나 인 같은 영양물질을 잔뜩 품고 있다. 사람은 물론 다른 동물들한테도 중요한 식량 구실을 한다. 여기서 등장하는 게 곰이다. 회색 곰이라 불리기도 하는 불곰은 연어를 특히 좋아한다. 그래서 연어가 거슬러 올라가는 강에는 불곰이 많이 몰려든다. 이 곰은 가을철이 되면 연어를 수백 마리씩 먹어치우기도 한다. 겨울나기를 대비하기 위해서다.

연어를 먹은 곰은 강 주변 숲에 배설물을 잔뜩 내놓는다. 이 배설물은 오롯이 숲의 토양을 기름지게 만든다. 곰이 먹다 남긴 연어는 다른 동물이 먹는다. 곰에게 먹히지 않은 채 일생을 마친 연어의 사체는 새와 다른 물고기, 새우 등의 먹이가 된다. 썩으면 균류와 미생물을 위한 양분이 되기도 한다. 이처럼 연어의 몸에 담겨 바다에서 실려 온 여러 영양물질이 연어를 먹은 곰의 배설물이나 연어 사체를 통해 숲의 토양으로 공급된다. 숲이 좋은 흙을 듬뿍 품었으니 식물들이 무럭무럭 자란다. 연어가 거슬러 올라가는 강 근처의 숲이 다른 곳의 숲에 견주어 훨씬 울창한 이유가 바로 여기에 있다. 연어가 숲을 키운다는 말은 이래서 나왔다.

이 이야기에서 숲을 풍요롭게 해주는 건 곰의 배설물이다. 곰이 먹는 건 연어다. 연어가 몸집을 키우며 본격적으로 성장하는 무대는 바다다. 바다에 사는 플랑크톤과 작은 물고기 등이 연어를 키운다. 연어가 여행하는 통로는 강이다. 곰은 물론이거니와 바다와 강이 없다면 연어가 숲을 키우는 이야기는 성립할 수도, 완성될 수도 없다. 모두가 이 이야기의 주인공들이다.

한편으로, 숲도 연어를 키운다. 연어의 알은 맑고 차가운 물에서 잘 자란다. 강가에 우거진 나무들은 내리쬐는 햇빛을 막아 강에 그늘을 드리운다. 강물을 시원하게 해준다. 나무들의 뿌리는 강변의 흙을 붙잡아 두는 구실을 한다. 흙이 강으로 쓸려 내려가는 것을 막는다. 이 덕분에 강물은 탁해지지 않고 맑은 상태를 유지할 수 있다. 이렇게 해서 숲과 나무는 연어의 생존과 성장에 요긴한 역할을 한다.

이것이 자연의 생명 세계에서 벌어지는 일이다. 연어, 곰, 강, 바다, 숲은 유기적으로 연결돼 있다. 이 연결의 흐름이 원처럼 순환한다. 긴밀히 상호작용하는 관계의 네트워크, 즉 생명의 그물망이다. 이 가운데 하나라도 빠지거나 흐름이 끊긴다면 연어가 숲을 살리고 숲이 연어를 살리는 일은 일어날 수 없다. 먹고 먹히는 것이 서로 돕고 살리는 것과 하나를 이룬다. 원인과 결과가 서로 맞물리면서 돌고 돈다. 상호 연결로 이루어지는 호혜와 순환. 생태계 시스템이 건강하고 안정적으로 유지되는 비결이 여기에 있다.

모든 생명이 서로 연결된 관계 속에서만 존재할 수 있고 살아갈 수 있다는 것은 꽃을 보아도 알 수 있다. 일본 시인 요시노 히로시가 쓴 〈생명은〉이라는 작품을 살펴보자.

생명은 / 자기 자신만으로는 완성될 수 없도록 / 만들어져 있는 듯하다 / 꽃도 / 암술과 수술을 갖춘 것만으로는 / 불충분하고 / 벌레나 바람이 찾아와 / 암술과 수술을 중매해 준다 / 생명은 / 제 안에 결핍을 안고 / 그것을 타자에게서 받은 것으로 채운다 / (······) / 나도 어느 땐 누군가를 위한 벌레였겠지 / 당신도 어느 땐 나를 위한 바람이었겠지

내 결핍을 다른 존재가 채워주는 기적 같은 일은 어떻게 일어나는가? 이 시는 타자의 도움과 관계의 연결, 곧 상호작용과 상호의존이 생명의 본질이라고 노래한다. 식물이 번식하려면 암술과 수술이 만나야 한다. 동물이 번식하려면 정자와 난자가 만나야 하듯이 말이다. 식물에서는 이것이 수술의 꽃가루가 암술머리로 옮겨 가서 붙는 것으로 이루어진다. 수분(受粉), 곧 꽃가루받이다. 한데 식물은 이 중대한 일을 자기 혼자서는 해낼 수

없다. 시에서 묘사하듯이 이 일을 대신해 주는 건 벌이나 나비 같은 벌레, 혹은 바람이다. 이것이 식물의 번식 방법이자 존재 방식이다. 실은 모든 생명이 그러하다. 어떤 존재든 "결핍"을 안고 있으며 다른 존재가 그것을 채워주어야 비로소 완성된다.

사람이라고 다를까? 단적으로 사람 인(人) 자만 봐도 그렇다. 이 한자는 막대기 비슷한 것 두 개가 서로 비스듬히 기대고 있는 형상이다. 한쪽이 빠지거나 쓰러지거나 하면 전체가 무너질 수밖에 없다. 서로 기대는 존재, 서로 도움을 주고받음으로써만 성립할 수 있는 존재가 사람이라는 얘기다. 인간(人間)이라는 말도 다르지 않다. '間'은 사이 간 자다. '사람 사이'가 곧 인간이라는 것이다. '사람 사이'가 무엇인가? 관계다. 관계를 통해서만 인간은 인간이 된다. 아니, 관계가 인간이다. 식물의 꽃가루받이를 예로 들어 저 시가 일러주듯이, 나도 누군가를 위한 벌레이고 당신도 나를 위한 바람인 것이다. 나도 당신도 벌레나 바람이 되어 다른 존재의 "결핍"을 채워줄 때 우리는 비로소 온전한 인간으로 완성될 수 있다.

이렇듯 생명 세계에선 모두가 필요하고 또 소중한 존재들이다. 어떤 생명이든 저마다 자기 자리에서 자신의 존재 이유를 가지고 각기 제 역할을 하면서 각자에게 맞는 방식으로 살아간다. 이 모든 것이 가로세로로 엮이고 겹치면서 다채로운 관계이 그물망을 만든다. 이 그물망을 이루는 연결 고리들은 복잡하면서도 정교하다. 이를 바탕으로 생명 세계 전체는 균형과 질서를 이루며, 다양성과 풍요로움을 얻는다.

그렇다. 모든 것이 서로 연결돼 있다는 것은 자연과 생명의 가장 중요한 속성이자 생태주의의 으뜸가는 원리다. 우주가 품고 있는 가장 근원적인 비밀이 이 한마디에 담겨 있다.

보이는 것과 보이지 않는 것 사이에서

한데 문제가 있다. 관계는 보이지 않는다. 보이지 않는 끈으로 연결돼 있는 것이 관계의 본질이다. 그래서 관계로 이루어진 자연과 이 세상을 온전히 이해하려면 보이지 않는 것을 볼 줄 아는 눈이 필요하다. 몇 가지 보기를 살펴보자.

우리가 들이마시는 산소는 어디서 올까? 나무? 숲? 맞다. 하지만 부분적으로만 맞다. 지구상에 존재하는 산소의 절반 이상은 바다에서 오기 때문이다. 주인공은 바다에서 살아가는 작디작은 식물성 플랑크톤과 해조류 같은 것들이다. 이들은 지구 대기에 있는 산소의 50~80% 정도를 생산하는 것으로 알려져 있다.

이 가운데서도 특히 프로클로로코커스라는 식물성 박테리아가 유명하다. 1988년 처음 학계에 보고된 이것은 광합성 활동으로 산소를 만드는 남세균, 곧 시아노박테리아에 속한다. 바닷물 한 방울에 수십만 개나 들어 있을 정도로 지극히 작다. 세계에서 광합성을 하는 가장 작은 생물인 동시에 세계에서 가장 수가 많은 생물이라고 한다. 중요한 것은 이 한 종류의 생물이 지구 전체 산소의 10~20%를 만들어내는 것으로 추정된다는 점이다. 이 티끌보다 작은 생물은 산소만 만들어내는 게 아니다. 이산화탄소도 대량으로 빨아들인다. 이들이 없다면 지구온난화를 일으키는 이산화탄소 농도가 세 배나 더 높아질 거라는 연구 결과가 나올 정도다. 지구상에서 가장 작은 생명체는 보잘것없기는커녕 이 지구의 생명 시스템 전체를 형성하고 유지하는 데 지대한 공헌을 하고 있다.

물은 또 어떤가. 지금 당장 내 눈앞의 컵에 담겨 있는 물만 보면 그저 물일 뿐이다. 하지만 그 물에는 구름, 비, 눈, 얼음, 빙하, 무지개, 이슬 등이 모두 담겨 있다. 바다, 강, 시냇물, 호수, 늪, 웅덩이, 폭포, 샘물, 지하수 등도 담겨 있다. 물이 순환하는 과정을 떠올려 보라. 먼저, 태양이 바다를 비추면 바닷물이 증발하여 구름이 생긴다. 수증기로 이루어진 구름은 바람을 타고 여기저기로 흘러 다니면서 비를 뿌린다. 땅에 떨어진 빗물은 강이나 시냇물 등을 따라 이동하면서 다시 바다에 이른다. 일부는 땅 밑으로 스며들어 지하수가 되기도 한다. 이렇듯 물은 끊임없이 제 몸을 바꾸면서 움직이고 옮겨 다닌다. 물에는 하늘과 땅과 바다가 서로 어울려 빚어내는 자연의 화음이 배어 있다. 그러므로 지금 내가 마시는 물은 한때 북극의 사나운 눈보라였을 수도 있고, 아프리카 사하라사막에 걸렸던 멋진 무지개였을 수도 있고, 아마존 열대우림의 풀잎에 맺혔던 영롱한 새벽이슬이었을 수도 있다.

길을 걸으면서도 상상의 날개를 펼칠 수 있다. 우리는 매일 길을 걷는다. 많은 길이 아스팔트로 포장돼 있다. 아스팔트는 석유로 만든다. 석유는 화석연료다. 화석연료는 어떻게 만들어졌는가? 아주 오래전 지질시대에 동식물의 사체와 플랑크톤 등이 지각변동으로 땅속이나 바다 밑에 파묻힌 뒤, 수백만 년에서 수억 년 동안 높은 열과 압력을 받으며 분해되는 과정에서 만들어진 것이 화석연료다. 화석과 비슷한 과정을 거쳐 만들어졌고, 화석처럼 오랫동안 지층 속에 묻혀 있다가 오늘날 연료로 쓰이기 때문에 '화석연료(fossil fuel)'란 이름이 붙었다. 우리가 걷는 길에는 이 지구와 생명의 역사가 묻혀 있는 셈이다. 우리는 길을 걸으면서 동시에 눈에 보이지 않는 그 유구한 역사 위를 걷고 있는 것이다.

자연과 우주와 나는 이처럼 교차하는 시간과 공간의 연쇄 속에서 보이지 않는 수많은 관계로 연결돼 있다. 바로 이것을 볼 줄 알고 이것이 얼마나 중요한지를 이해하는 것이 우리 시대에 너무나 희귀해진 '생태학적 상상력'의 골간이다.

기계에서 생명으로

세계를 보는 관점은 크게 두 가지다. 기계론적 세계관과 유기체적 세계관이 그것이다. 전자는 말 그대로 기계의 논리다. 후자는 생명의 논리다.

먼저 유기체적 세계관을 살펴보자. 유기체란 각 부분과 전체가 긴밀하게 하나로 연결되고 얽혀 있는 조직체를 말한다. 생명체인 우리 몸이 대표적인 유기체다. 몸을 이루는 세포 유전자 안에는 몸 전체가 다 담겨 있다. 몸의 어느 한 부분이 아프면 전체가 통증을 느낀다. 한 부분이 기뻐하면 전체가 즐겁다. 그 때문에 유기체에서는 어느 한 부분에 문제가 발생하면 다른 부분이 돕거나 복원해 주거나 대신하는 일이 자연스레 일어난다. 부분과 전체는 서로가 서로에게 수단이 아닌 목적이다. 서로서로 키우고 살린다. 부족한 게 있으면 서로 보완해 주고 아픈 데가 있으면 서로 치유해 준다.

한 사람의 몸은 수십조 개에 이르는 세포로 이루어져 있다. 이 세포들은 몸의 부분으로서 자기들이 필요로 하는 것과 몸 전체가 필요로 하는 것 사이에서 끊임없이 균형을 맞추며 조화를 이룬다. 자연 생태계에서 일어나는 일도 이와 같다. 동물, 식물, 미생물을 총망라하는 무수한 유기체가 지구를 이루는 흙, 숲, 강, 바다, 공기 등과 상호작용을 계속하면서 지구 전체의 질서와 건강을 창조하고 또 유지한다. 세계를 이처럼 통합적인 것, 즉 모든 것이 서로 연결된 하나의 전체로 보는 것이 유기체적 세계관이다.

기계론적 세계관은 판이하다. 가령 자동차를 떠올려 보자. 자동차는 수많은 부품의 조합물이다. 이렇듯 이 세계관에선 몸이나 자연도 원자나 분자들의 단순한 집합체로 여겨진다. 여기서 부분은 전체와 분리된 독립체다. 부분 안에 전체가 깃들 수 없다. 부품은 그저 도구일 뿐이다. 고장이 나면 교체하면 그만이다. 이 세계관에서 세계는 인과법칙에 따라 작동하는 기계적 시스템에 지나지 않는다.

이를테면 자동차 타이어에 펑크가 났다고 가정해 보자. 한 부분이 손상됐다고 해서 자동차 전체가 고통을 느끼거나 슬퍼하는 일 따위는 생기지 않는다. 다른 타이어가 펑크 난 타이어를 도울 수도 없고 대신할 수도 없다. 펑크 난 타이어를 내다 버리고 새것으로 갈아 끼우면 그걸로 끝이다. 유기체인 우리 몸에서 자동차 타이어에 견줄만한 다리나 발을 다쳤다고 해보자. 다리나 발이 제구실을 못 하게 됐다고 해서 그 다리나 발을 떼서 버리고 새것으로 바꿔 끼울 수 있는가?

기계에 영혼이 없듯이 여기선 측정할 수 없고 계산할 수 없는 정신이나 마음 같은 건 중요하지 않다. 대신에 힘, 양, 효율성, 속도 따위가 중요하다. 생명의 속성은 자율성, 유연성, 개방성, 다양성 등이다. 기계는 그 반대다. 타율성, 경직성, 폐쇄성, 획일성 등이 주요 속성이다. 뭔가가 통제와 관리 시스템의 지배 아래 놓일 때 나타나는 특성들이다.

지금의 생태 위기를 낳은 사유 체계가 이 기계론적 세계관이다. 세계를 유기체처럼 통합적인 연결 관계로 보지 않고 기계 부속품처럼 낱낱의 개별 요소로 분리해서 보는 것이 이 세계관의 핵심이고, 그중에서도 가장 고약한 것이 지배/종속의 틀로 인간과 자연을 나누는 이분법적 사고방식이기 때문이다. 이 이분법에서 인간은 만물의 우두머리이자 이 지구의 유일한 주인으로 여겨진다. 반면에 자연은 인간의 욕구와 필요를 채우기 위한 경제성장의 도구, 개발의 대상, 자원 저장창고쯤으로 간주된다. 인간은 목적이고 자연은 수단이다. 한마디로 인간 중심주의다.

이런 사고방식에서는 인간이 합리적 이성, 과학기술, 물질

생산력 등이 제공해 주는 힘으로 자연을 한껏 정복하고 지배하는 것이 당연한 일로 여겨진다. 심지어는 이것을 진보와 발전으로 떠받드는 고정관념이 뿌리내리기까지 했다. 오늘날 우리에게 들이닥친 생태 위기는 그 필연적 산물이다.

사람은 자연의 일부다

인간 중심주의와 이분법에서 벗어나려면 어떻게 해야 할까? 여기서 우리는 또 하나의 중요한 생태주의 원리를 떠올리게 된다. '사람은 자연의 일부다'라는 게 그것이다. 따지고 보면 이는 '모든 것은 서로 연결돼 있다'는 원리의 부분집합 혹은 연장선이라고 할 수 있다. 모든 것이 연결된 관계에 이미 사람과 자연의 관계 또한 담겨 있어서다.

사람은 왜 자연의 일부인가? 우리 생존과 삶의 가장 원초적 요소인 먹거리를 통해 이를 살펴보자. 먹지 않고선 살 수 없다. 한데 먹는다는 건 태양에너지를 흡수한다는 것과 같은 말이다. 음식에는 태양에너지를 비롯해 흙과 공기에 들어 있는 여러 가지 원소가 포함돼 있다. 음식에 담긴 이런 것들이 내 몸속에 들어오면서 우리는 에너지와 영양분을 얻어 살아갈 수 있게 된다.

일차적으로 식물이 이런 일을 한다. 식물은 엽록체를 공장으로 삼아 물과 이산화탄소를 활용하여 태양에너지를 포도당으로 바꾸는 신비스러운 능력을 지니고 있다. 초식동물은 이런 식물을 먹으며 살아간다. 육식동물은 이런 초식동물을 먹으며 살아간다. 인간을 포함한 잡식동물은 식물과 동물 둘 다 먹으며 살아간다. 모든 생명체는 이처럼 태양에너지의 연쇄로 엮인 태양의 후예들이다. 즉, 살아 있는 모든 것은 '자연의 자식'이라는 점에서 동일하다.

사람이 자연의 일부라는 것은 코로나19 사태를 짚어봐도 잘 알 수 있다. 이 사태가 왜 일어났는지는 이제 어지간히 알려졌다. 다양한 요인이 복합적으로 얽혀 있지만 가장 근본적인 원인은 인간의 지나친 환경파괴다. 그중에서도 핵심은 야생동물의 서식지 훼손이다.

코로나19 바이러스가 퍼뜨린 전염병은 인수 공통 감염병이다. 본래 동물 몸속에 있던 바이러스가 인간에게 옮겨 옴으로써 발생한 것이다. 동물과 인간 사이의 거리가 가까워지고 접촉 기회가 늘어날수록 전염병이 발생하고 확산하는 데 유리한 조건이 갖춰진다. 문제는 이런 조건을 만들어낸 주체가 다름 아닌 인간이라는 점이다.

경제성장, 산업화, 개발 등을 비롯한 인간 활동의 폭주는 자연의 안정과 균형을 깨뜨렸다. 그 바람에 생태계 질서가 무너졌다. 짧은 기간에 엄청난 규모와 속도로 이루어진 이런 생태적 격변 속에서 수많은 생물의 서식지가 파괴되고 오염됐다. 동물들은 죽고 다치고 병들고 쫓겨 다니게 됐다. 특히 집약 농업, 단일 경작, 숲 벌채, 광산 개발, 도로와 댐 건설, 기후위기, 공장식 축산, 항생제 남용 등은 동물들의 생존 조건과 서식 환경에 치명타를 가했다.

이처럼 동물들이 살던 세계를 망가뜨린 주범은 인간이다. 인간이 동물을 먼저 공격한 것이지, 동물이 먼저 인간을 공격한 게 아니다. 세계화라는 변수도 빠뜨릴 수 없다. 급속히 이루어진 세계화로 세상은 하나로 연결되고 통합됐다. 바이러스가 손쉽고 빠르게 전파될 수 있는 '전염병의 고속도로'가 만들어진 셈이다. 모두 인간이 일으킨 일들이다.

바이러스도 일종의 생명체다. 동물이 수난을 당할수록 그 속에서 살아가던 바이러스는 새로운 숙주를 찾아 나설 수밖에 없다. 의인화해서 표현하자면, 죽고 다치고 병들고 쫓겨 다니는 동물 몸속에 가만히 있다간 자기도 결딴나게 생겼으니 살길을 도모하는 것이다. 그런 그들에게 80억 명이 넘는 인간 집단은 광활하게 펼쳐진 새로운 서식지가 아닐 수 없다. 바이러스가 자기들 세계를 공격해 온 인간 몸속으로 냉큼 뛰어드는 건 자연스러운 현상이다.

요컨대 코로나 사태는 필연이었다. 코로나19 바이러스가 아니었다면 언제든 다른 바이러스가 인간을 덮쳤을 것이다. 실제로 최근 인간을 괴롭혀 온 대규모 전염병의 75% 이상이 인수 공통 감염병이다. 메르스(중동호흡기증후군), 사스(중증급성호흡기증후군), 조류인플루엔자 등을 꼽을 수 있다. 바이러스가 인간을 침범한 것은 인간이 자연을 침범한 결과다. 잇따르는 동물 전염병 사태를 '자연의 반격'이나 '동물의 역습' 등으로 일컫는 까닭이다.

역병 창궐이라는 재앙은 인간이 어떤 존재인지를 일깨운다. 특히 인간이 자연과의 관계에서 어떤 위치에 놓여 있는지를 생생히 보여준다. 자연이 아프면 사람도 아프고, 자연이 병들면 사람도 병든다. 자연이 건강하고 평화로워야 인간도 그럴 수 있다. 아무리 잘난 체해도, 아무리 몸부림쳐 봤자 우리는 자연을 벗어날 수 없다. 한마디로 인간은 자연의 일부인 것이다. 인간이 바이러스를 완벽하게 제압할 수 없는 근원적 이유가 여기에 있다. 자연의 한 부분에 불과한 인간이 자연과의 전쟁에서 어떻게 이길 수 있겠는가. 인간의 자연 파괴가 계속된다면 그 시점이 언제가 되든 대규모 전염병 사태는 다시 터질 것이다. 인간이 자연을 공격하는 것은 자기 자신을 공격하는 것이나 마찬가지다.

영국의 생물학자 찰스 다윈은 1859년에 펴낸 《종의 기원》에서 사람을 포함한 모든 생명체의 탄생은 기독교 신인 하느님의 창조로 이루어진 게 아니라, 자연의 법칙에 따라 저절로 그리고 우연히 이루어진 끊임없는 변화의 결과라고 주장했다. 당시 유럽에서는 기독교가 사람들 생각을 지배하고 있었기에 다윈의 이런 주장은 세상을 발칵 뒤집어 놨다.

다윈의 진화론에는 몇 가지 중요한 열쇳말이 있다. 가장 앞머리에 놓아야 할 것은 '자연선택'이다. 여러 생물 가운데 환경에 가장 잘 적응한 것이 살아남아 생존과 번식을 계속하게 된다는 게 핵심 내용이다. 생물 개체 중에서 어떤 변이가 나타나고, 이 변이의 속성이 주어진 환경에서 생존에 더 적합하며, 이 속성이 대를 이어 유전된다면 이 생물은 진화의 열차에 탑승할 자격을 갖추게 된다. 어떤 생물이 살아남은 것은 그 생물이 특별히 강한 힘을 지녔거나 지능이 뛰어나서가 아니다. 단지 그 생물이 환경에 더 잘 적응하고 생존에 더 유리한 조건을 갖추어 '자연의 선택'을 받은 덕분이다.

'공통의 조상' 개념도 중요하다. 지구상의 모든 생명은 하나의 공통 조상에서 비롯했다는 게 골자다. 모든 생물은 46억 년 지구 역사에서 38억 년 전에 발생한 지극히 단순한 최초의 원시 생명체로부터 분화돼 나온 진화의 산물이라는 얘기다. 이 개념에 따르면 인간이라는 동물도 결국은 이 세상의 다른 모든 생물과 근본적으로는 하나의 '가족'이라고 할 수 있다.

이렇게 해서 나온 것이 '생명의 나무(Tree of Life)'라는 또 하나의 중요한 개념이다. 이는 지금까지 살고 있거나 멸종한 생물종의 분화 흐름과 체계를 가지가 무성한 나무 모양으로 나타낸 것이다. 생명의 역사는 새로운 종이 기존의 종으로부터 끊임없이 사방팔방으로 가지를 쳐온 과정이며, 오늘날 이 지구상에 존재하는 수많은 생물은 이런 가지치기 과정을 거치면서 갈라져 나온 맨 끝의 가지들이라는 게 요점이다.

이런 다윈의 진화론은 하등 생물이 고등 생물로 진화한다는 이른바 '사다리 모형'과는 전혀 다르다. 진화는 사다리처럼 일직선으로 단계를 밟으면서 위를 향해 '진보'하는 게 아니다. 진화의 반대말은 '퇴보'가 아니다. 정해진 규칙이나 방향 없이 곳곳으로 아무렇게나 가지가 뻗어나가듯 무수한 생물종이 갈라져 나오는 방식으로 진화의 역사는 펼쳐진다. 그러므로 생명의 나무에 종들 사이 우열이나 위계 관계는 없다. 가지 끝에 자리한 현존 생물들은 그저 자연선택의 원리에 따라 환경에 잘 적응해서 살아남는 데 성공한 종들에 지나지 않는다.

인간도 다르지 않다. 인간은 진화의 역사에서 극히 최근에 발생한 생물종 중 하나다. 진화의 정점이기는커녕 무수한 가지 끝 생물 가운데 히나일 따름이다. 이성과 높은 지능 등은 인간이 지닌 특징일 뿐이다. 다른 생물종보다 우월하다는 지표가 되지 못한다. 인간은 이런 특징들을 활용해 환경에 적응하려고 힘써 왔다. 다른 생물들 또한 저마다 자신들이 지닌 특징들을 활용해 생존하고 번식을 이어가려고 애쓰기는 매일반이다. 다윈의 진화론에서 인간을 포함한 모든 생물은 똑같이 우연의 산물이다. 이 점에서 모든 생물은 본질적으로 평등하다고 할 수 있다.

다윈이 펼쳐 보인 생명의 진화사는 지구와 생명체들 사이의 상호 관계가 빚어내는 상호작용의 전개다. 신의 섭리? 역사의 진보? 다윈의 진화론에 따르면 생명 진화의 역사에는 이런 식의 무슨 특별한 목적이나 필연적으로 정해진 방향 같은 건 없다. 진화는 우연히 벌어진 사건의 연속이다. 진화는 고정돼 있지 않다. 열린 미래를 향해 쉼 없이 변화하는 과정 그 자체가 곧 진화다. 생명의 나무는 다채롭고도 끊임없이 새로운 가지를 뻗는 살아 있는 생물과도 같다. 인간이 일군 역사는 이런 장구한 생명 진화 역사의 작은 한 부분이다.

다윈의 진화론은 지금 나라는 존재가 태초의 한 원시 생명체에서 비롯했으며, 내 생명의 뿌리가 다른 생명의 뿌리와 동일하다고 일러준다. 나 또한 다른 동물과 같은 '설계도'에 따라 만들어진 것이다. 사람이란 자연의 한 부분으로서, 기나긴 진화의 여정에서 다른 생명체들의 동료 여행자일 뿐이라는 사실을 입증한 것이 다윈의 진화론이다.

전환의 출발점에서

자연은 본디 역동적이다. 늘 움직이고 변화한다. 질서와 무질서, 안정과 불안정, 침묵과 소음이 교차하는 거대한 혼돈이다. 경이롭고 신비로운 숭배의 대상인 동시에 우리를 고통과 위험에 빠뜨리는 무서운 존재이기도 하다. 문명이란 것 자체가 이런 자연에 대응해 온 과정이라고 해도 과언이 아니다. 인간은 때로는 자연에 순응하고 때로는 자연을 거스르면서 살아왔다. 이 좌충우돌 분투기가 인류 역사다.

문제는 이 과정에서 자연과 조화로운 관계를 이루어야 할 인간의 힘이 압도적으로 커졌고, 인간이 그 힘을 너무 무분별하게 휘둘러 왔다는 점이다. 우리가 할 일은 인간이 저지른 이런 잘못을 성찰하면서 자연과의 진정한 동반자 관계를 새롭게 일구는 것이다. 탐욕과 오만에 찌든 인간이 자연을 망가뜨렸으므로 자연에 대해 미안함이나 죄책감 같은 걸 느끼는 것은 물론 순수하고도 아름다운 일이다. 하지만 그렇다고 해서 이에 대한 기계적 반작용으로 자연의 은총만 일면적으로 예찬하는 식의 또 다른 편향에 빠지는 건 현명한 일이 아니다. 자연에 대한 이런 부정확한 관념은 생태 위기 대응과 극복을 위한 여러 활동에 혼선을 일으키거나 그 방향을 그릇된 쪽으로 이끌 수도 있다는 점에서 짚어둘 필요가 있다.

자연을 둘러싼 잘못된 생각은 경관 중심의 녹화사업을 벌이거나 한 종류의 나무로 숲을 조성할 때 등에서도 찾아볼 수 있다. 이런 경우 겉으로는 자연이 복원되거나 풍성해지는 것처럼 보인다. 하지만 예쁘장하고 매끈하게 정돈된 숲이 자연 본래의 건강한 모습일까? 이는 자연보호나 환경보전이라는 이름 아래 인간이 자연의 형태나 모습을 자신이 원하는 대로 설정하고 이것을 인위적으로 '만들어낸' 것이라고 할 수 있다. 어쨌거나 녹색이 늘어나는 건 반길 일이라고? 어느 정도는 그럴지도 모른다. 그렇지만 그 바탕에 자신이 구상한 질서나 형상을 자연에 부여하려는 인간의 고질적인 욕망이 깔려 있다는 건 부인하기 어렵다. 자연을 살린다고 하면서도 자연 본래의 원리나 속성을 따르기보다는 인간 우위의 이분법에 따라 자연을 대상화하는 일이 종종 벌어지곤 하는 것이다.

도시와 자연을 기계적 이분법으로 가르는 상투적 관념은 또 어떤가. 현대 도시인들은 툭하면 자연을 만나러 간다면서 도시 밖으로 나간다. 빌딩과 자동차 등으로 가득 찬 인공의 도시와 반대되는 것이 도시 바깥 어딘가에 있는 울창한 숲이나 맑은 강이라고 여기는 것이다. 이 역시 인간 중심의 시각에서 자연을 인간의 편의대로 바라본 결과이기는 마찬가지 아닐까? 이런 사고방식에서는 숲이나 강이 내 생활 속으로, 자연이 도시의 시스템과 구조 속으로 흘러들어 오는 것과 같은 새로운 상상력이 발휘되기 어렵다.

이런 얘기들을 하는 이유는 다른 게 아니다. 자연과 인간, 그리고 이 둘의 관계에 대한 적확한 이해가 무엇보다 중요하다는 것을 강조하기 위해서다. 한 번 더 새길 것은, 모든 것은 서로 연결돼 있고 사람은 자연에 속한 존재라는 사실이다. 지금은 이에 기초해 우리가 세계와 관계 맺는 방식을 근본적으로 바꿔나가야 할 때다. 기후재앙과 같은 생태 위기는 이 중대한 '전환'을 더 늦기 전에 이루라는 명백하고도 절박한 비상 경보음이다. 관계적인 사유를 벼리는 것, 곧 이 세계와 우리 삶을 유기적으로 연결된 전체로서 인식하는 능력을 기르는 것이야말로 이 전환의 출발점이다. 현대인이 잃어버리거나 잊어버린 능력 가운데 가장 뼈아픈, 그래서 가장 먼저 되찾아야 할 능력이 바로 이것이다.

2장
'성장의 신화'는 끝났다

환락의 잔치는 막을 내리고

나우루는 태평양에 있는 작은 섬나라다. 1990년대에 접어들 무렵까지만 해도 세계에서 가장 잘사는 나라에 속했다. 하지만 지금은 세계에서 가장 가난하고 비참한 나라 가운데 하나로 전락하고 말았다. 무슨 일이 있었던 걸까?

나우루 사람들은 어느 날 이 섬이 광물자원인 인광석 천지라는 사실을 알게 됐다. 이 섬은 먼 거리를 비행하는 철새들이 드넓은 태평양을 날다가 중간에 내려와 쉬기도 하고 먹이도 보충하기에 맞춤인 곳에 자리 잡고 있다. 인광석은 이곳에 들른 수많은 철새의 배설물이 오랜 세월에 걸쳐 변화를 겪으면서 만들어진 것이다. '구아노'라 불리기도 하는 새똥이 그 실체다. 그런데 이 인광석에 함유된 인산염은 현대 농업의 필수품인 화학비료를 만드는 데 원재료로 사용된다. 온 세계가 필요로 하는 소중한 자원이다. 그러니 나우루로서는 이제 이 인광석을 캐내 팔기만 하면 아주 손쉽게 돈을 벌 수 있게 됐다.

이것이 비극의 시작이었다. 인광석 덕분에 하루아침에 벼락부자가 된 나우루 사람들은 그저 먹고 마시고 놀기만 하는 생활에 빠져들기 시작했다. 나라에 돈이 차고 넘치니 모든 게 공짜로 주어졌다. 우리나라 울릉도의 3분의 1밖에 안 되는 좁은 섬에서 집집이 자동차를 몇 대씩 굴렸다. 청소나 빨래 같은 집안일마저 나라가 월급 주고 고용한 외국인 노동자가 대신해 주었다. 어른들이 어린아이들에게 용돈을 몇 백만 원씩이나 주는 게 예사였다. 그 와중에 먹거리도 바뀌었다. 먹기 편하고 자극적인 맛으로 범벅된 패스트푸드와 가공식품이 식탁을 점령했다. 그 결과 주민 대다수가 비만, 당뇨병, 고혈압 등에 시달리게 됐다. 게다가 음주 운전이 사망 원인 1위였다고 한다.

이런 방탕한 세월이 얼마나 오래가겠는가. 지금 나우루는 쫄딱 망했다. 결정타는 인광석 고갈이었다. 재생하지 않는 자원을 마구 캐내기만 했으니 이는 당연한 일이다. 그 결과 돈다발이 안겨주는 달콤한 소비와 사치에 중독돼 흥청망청 편하게만 살던 부자들이 하루아침에 거지 신세로 전락하고 말았다.

나우루 사람들이 그 많은 돈을 활용해 장기적으로 먹고살 길을 찾아보지 않았던 건 아니다. 이를테면 기금을 만들어 오스트레일리아와 하와이 등지 부동산 사업에 투자하는 등 이런저런 노력을 기울이긴 했다. 하지만 경험과 능력이 부족한 데다 방만한 운영과 판단 잘못 등이 겹쳐 결과적으로는 물거품이 되고 말았다. 국제적으로 검은돈을 세탁해 주는 조세회피지를 제공하는 것으로 돌파구를 찾기도 했다. 하지만 2001년 9·11 테러 뒤 미국 등을 중심으로 이런 돈 흐름에 대한 규제가 강력해지면서 이마저도 효과를 보지 못했다.

2010년대 들어서도 나쁜 일이 끊이지 않았다. 오스트레일리아의 역외 난민 수용소가 나우루에 들어선 것이다. 망해가던 나우루 정부는 텅 빈 나라 곳간을 조금이나마 채우려고 오스트레일리아 정부한테서 얼마간의 돈을 받고 난민 수용소 터를 제공하는 데 동의했다. 자기 나라로 밀려드는 난민들로 골머리를 앓던 오스트레일리아는 나라 바깥 어딘가로 난민들을 쫓아낼 방법을 찾던 중이었다. 문제는 여기에 수용된 난민들이 기본적인 인권도 보장받지 못한다는 점이다. 경비가 삼엄한 수용소 막사는 쥐와 벌레가 들끓고 불볕더위가 기승을 부린다. 성범죄와 아동 학대 등도 무시로 자행된다. 길게는 5년 동안이나 강제로 갇혀 있어야 한다. 그러다 보니 처우 개선을 요구하며 단식 농성을 벌이거나 자살하는 사람이 끊이지 않는다. 이곳을 '죽음의 공장'이라 부르는 사람마저 있을 정도다. 한때 여기에는 1,000명이 넘는 난민들이 수용돼 있었다. 그러다 요즘은 인권문제로 비판 여론이 높아지자 수용자들을 다른 나라로 보내는 등의 방법으로 수용 인원을 줄이고 있다고 한다.

자원의 저주. 유한한 자원을 마구 탕진하고 일확천금의 늪에 빠져 허우적거리다 사람과 자연이 모두 결딴난 곳이 나우루다. 환락의 잔치는 끝났다. 이제 이곳에 남은 건 파괴된 자연과 고갈된 자원, 병든 사람과 망가진 사회, 그리고 무너진 경제와 비참한 가난뿐이다. 이에 더해 난민 학대와 인권 유린, 기후위기에 따른 해수면 상승 등이 이 조그만 '비극의 섬'을 더 깊은 고통의 늪으로 몰아넣고 있다.

나우루 이야기는 눈앞의 이익과 안락을 위해 자연을 마구잡이로 약탈하면서 미래를 팔아넘긴 대가가 얼마나 가혹한지를 생생하게 보여준다. 이에 우리는 자연스레 이런 질문을 마주하게 된다. 이것이 나우루에만 국한된 얘기일까? 지금 전 세계에 재앙의 불길한 먹구름을 드리우고 있는 생태 위기가 우리에게 보내는 메시지 또한 이와 비슷하지 않을까?

실제로 다음 쌍들의 앞엣것과 뒤엣것을 각각 비교해 보라. 나우루와 지구. 나우루 경제와 현대 자본주의 산업 문명. 인광석과 화석연료. 나우루 사람들의 생활 모습과 대다수 현대인이 추구하는 삶의 방식. 서로 비슷하지 않은가? 아니나 다를까, 나우루 대통령은 2011년 〈뉴욕 타임스〉에 실린 기사에서 이렇게 말했다. "나우루는 선택권을 잃어버린 나라가 어떤 문제에 부닥치게 되는가를 보여준다. 세계는 석탄과 석유를 거리낌 없이 태우면서 나우루와 똑같은 길을 걷고 있다."

대량생산-대량소비-대량폐기 시스템과 자본주의 성장 체제

그렇다면 우리를 나우루가 겪은 비극의 길로 이끌지도 모를 지금의 생태 위기는 대체 왜 발생했을까?

이는 물건의 일생을 떠올려 보면 쉽게 이해할 수 있다. 환경 파괴나 오염은 인간이 자원과 에너지 등을 얻으려고 자연을 파헤치고 망가뜨릴 때, 그리고 쓰레기와 오염 물질 등을 자연으로 배출할 때 발생한다. 모든 물건은 일반적으로 추출-생산-유통-소비-폐기의 단계를 거친다. 어떤 물건을 만들려면 일단 원재료가 있어야 한다. 각종 광물자원, 목재 같은 생물 연료, 석유나 석탄 같은 에너지원을 자연에서 뽑아내야 한다. 이 단계가 추출이다. 그다음 이런 것들을 이용해 공장 등에서 제품을 생산한다. 그러자면 각종 기계와 설비 장치 등을 가동해야 한다. 그러고 나선 이것을 시장으로 가지고 와 유통한다. 운송, 보관, 판매 등의 활동이 이어진다. 사람들은 이렇게 두차한 물건을 사시 소미하고 난 뒤 버린다.

물건의 일생은 이런 각 단계의 연쇄로 이루어진다. 이 모든 단계에서 빠짐없이 자원과 에너지가 사용되고 오염 물질과 쓰레기가 배출된다. 그러니 이렇게 결론 내릴 수 있다. 물건을 많이 생산하고 유통하고 소비하고 폐기할수록 환경파괴와 오염이 더 심해진다고. 그렇다. 생태 위기의 근본 원인을 한마디로 압축하면 대량생산-(대량유통)-대량소비-대량폐기 시스템이라고 할 수 있다. 자본주의 체제를 떠받치는 핵심 기둥이 이것이다. 이 시스템의 토대 위에서 자본주의는 유지되고 번창한다. 이 시스템을 이끌어가는 이데올로기는 '거대주의'라 부름 직하다. 각 단계의 앞머리마다 떡하니 들어앉은 '대량'이라는 수식어가 보여주듯이 말이다. 많이 만들고 많이 쓰고 많이 버리는 경제. 더 큰 규모와 더 빠른 속도의 경제. 이것이 자본주의 경제의 본질이자 목표다.

'대량'을 추구하는 이 거대주의 시스템과 '환상의 짝짜꿍'을 이루는 것은 경제성장 지상주의다. 경제성장이 무한히 계속돼야 생산과 소비도 끝없이 늘어날 수 있어서다. 아니, 생산과 소비가 끊임없이 늘어나는 것 자체가 곧 경제성장이다. 무한 성장을 추구하는 것은 자본주의의 가장 본질적인 속성이다. 경제성장이 계속돼야 자본 축적을 지속할 수 있고 이를 토대로 해서만 자본주의가 존립과 확장을 이어갈 수 있어서다.

사람들의 생활 방식이라고 다를까. 더 많은 소유와 소비에 기초한 더 큰 물질의 풍요. 더 강한 권력과 더 높은 지위. 수많은 사람이 이런 것들을 손에 넣기 위해 평생을 분주하게 살아간다. 이것이 행복에 이르는 길이라 믿는 사람도 적잖다. 근대 올림픽의 구호가 1894년 국제올림픽위원회(IOC) 창립 때부터 '더 빨리, 더 높이, 더 강하게(Faster, Higher, Stronger)'로 정해진 건 우연이 아니다. 이로부터 127년 만인 2021년에야 '다 함께(Together)'가 추가되긴 했지만 말이다. 현대 자본주의 체제나 현대인의 삶 요소요소에는 무엇이든 더 커지고 많아지는 것을 좋은 것, 훌륭한 것, 바람직한 것, 다시 말하면 진보나 발전으로 여기는 습성이 깊이 배어 있다.

이것이 집약된 것이 경제성장의 신화다. 수많은 사람이 경제가 되도록 빨리, 그리고 크게 성장하는 것을 선진국에 이르는 지름길이라 여긴다. 경제성장률이 떨어지면 무슨 큰 문제나 위기가 발생한 것처럼 호들갑을 떨기도 한다. 나라와 개인을 막론하고 너나없이 '성장 중독증'에 걸려 있다고 해도 지나치지 않다. 가난한 사람(나라)들은 부유해지려고 경제성장을 요구한다. 부유한 사람(나라)들은 부를 더 키우려고 더 많은 경제성장을 탐한다. 성장이 경제는 물론 사회의 다른 영역들마저 일제히 빨아들이는 바람에 수많은 제도와 시스템, 문화와 관습, 사고방식과 생활양식 등이 성장주의의 올가미에 걸려버렸다. 그 결과 우리 삶의 영토 전체가 속속들이 성장 지상주의 사회, 곧 '성장사회'의 지배와 규율 아래 놓이게 되었다.

대량생산-(대량유통)-대량소비-대량폐기 시스템. 무한 성장 이데올로기. 자본주의 체제. 오늘날 생태 위기가 발생하는 근본 원인은 삼위일체를 이루는 이 세 가지가 톱니바퀴처럼 맞물려 돌아가면서 만들어내는 거대한 '생명 파괴 구조'에 있다. 성장사회를 끝없이 확대재생산하는 바로 이 구조를 줄여서 부르자면 '자본주의 성장 체제'라 할 수 있다.

곡선에서 직선으로

이런 세상의 문이 열린 것은 18~19세기에 영국을 비롯한 유럽 중심으로 본격 진행된 산업혁명 때부터다. 알다시피 산업혁명이란 18세기 중후반 영국에서 시작되어 유럽에서 약 100년간 진행된 획기적인 기술혁신과, 이와 맞물려 이루어진 거대하고도 전면적인 사회경제적 변화를 말한다. 공장제 기계공업으로 물건을 대량생산하는 공업화를 이룬 게 핵심이다.

여기에 날개를 달아준 것은 에너지원의 변화였다. 석탄을 연료로 사용하는 증기기관의 발명이 산업혁명의 기폭제 구실을 한 것이 그 단적인 보기다. 이로써 인류 역사에서 처음으로 화석연료 시대가 열렸다. 석탄이 먼저 사용됐고 20세기 초반부터는 석유와 천연가스가 뒤를 이었다. 산업혁명 이전에는 인간의 근육, 가축의 힘, 나무 등이 주요 에너지원으로 쓰였다. 보잘것없는 것들이었다. 산업혁명 이후, 이런 것들과는 비교할 수도 없는 엄청난 힘과 효율을 자랑하는 화석연료 중심의 새로운 에너지 체제가 갈수록 공고해졌다.

이것이 일으킨 변화의 규모, 수준, 속도, 영향력 등은 어마어마했다. 세계사의 물줄기 자체가 뒤바뀌었다. 핵심은 폭발적인 생산력 발전이었다. 이를 발판으로 본격적인 대량생산 시대의 막이 올랐다. 나아가 이는 경제 분야를 넘어 사회 전체를 아우르는 거대한 격변으로 이어졌다. 산업혁명이 일으킨 이런 변화의 물결은 이후 20세기를 거치면서 세계 전체로 퍼졌고, 이를 바탕으로 지금의 자본주의 사회경제 시스템이 전 지구적으로 확립됐다.

눈여겨볼 것은 이 과정에서 물질 흐름의 질서와 형태가 근본적으로 바뀌었다는 점이다. 쓰레기의 변천 과정이 이를 잘 보여준다. 20세기가 열리기 전만 해도 쓰레기의 양은 많지 않았다.

이는 산업화가 먼저 진행된 서구 사회도 크게 다르지 않았다. 예컨대 남은 음식은 가축의 먹이로 주었다. 부모의 옷을 조금 손질해서 자식들이 물려받아 입는 것도 예사였다. 사람과 가축의 배설물은 대개 거름이 되었다. 웬만한 물건은 좀 낡거나 망가지더라도 수선해서 계속 썼다. 그러다 더는 쓸모를 찾을 수 없어진 것들이 쓰레기로 버려졌다. 이처럼 계속 다시 사용되면서 돌고 도는 게 옛날 물건의 일생이었다. 자연 생태계의 순환적인 시스템과 닮았다고 할 수 있다.

자연에는 쓰레기라는 개념 자체가 없다. 자연 생태계에서는 생물들의 배설물이나 사체가 다시 흙으로 돌아가 대지에 영양분을 제공한다. 즉, 한 부분에서는 쓰레기인 것이 다른 부분에선 원재료가 되는 식으로 순환과 재생의 물질 흐름이 연속적으로 이어진다.

거대주의 시스템에서는 이런 흐름이 깨진다. 여기선 물질이 한 방향으로만 흐른다. 쓰레기로 버려진 것들이 흙으로 돌아가는 것 자체는 변함이 없다. 하지만 이 시스템에서는 이전과는 달리 자연에 영양분을 공급해 주지 못한다. 버려지는 물건의 양이 지나치게 많은 데다 물건의 성분도 바뀐 탓이다. 썩지 않는 플라스틱을 비롯해 갖가지 독성 화학물질 성분이 대표적이다. 이산화탄소 같은 온실가스와 핵발전소에서 나오는 핵 폐기물과 방사성 물질도 당연히 이런 쓰레기에 포함된다. 자연을 살찌우고 기름지게 만드는 영양분이 아니라 오염시키고 죽이는 독성물질을 쏟아붓는 것이 오늘날 물질 흐름의 실체다.

오늘날 물질은 자연의 리듬에 따라 둥글게 돌지 않는다. 인공적으로 만들어진 틀과 질서에 따라 일직선으로만 흐른다. 곡선은 자연의 질서다. 직선은 인공의 질서다. 직선의 속성은 순환과 재생이 아니다. 단절과 폐기다. 연결이 아니라 분리다. 이런 물질 흐름은 자연에 커다란 해악을 끼칠 수밖에 없다. 자본주의의 대량생산-(대량유통)-대량소비-대량폐기 시스템 아래서는 이런 일이 구조적이고 체계적으로, 동시에 어마어마하게 큰 규모와 빠른 속도로 벌어진다. 그 필연적 귀결이 오늘날의 생태 위기다.

경제성장과 GDP의 민낯

최근 들어 경제성장을 비판적으로 바라보는 사람들이 늘고 있다. 반가운 일이다. 그렇지만 아쉬움이 있다. 경제성장 자체를 근원적으로 문제시하기보다는 경제성장의 부작용이나 후유증에 주목하는 정도에서 그치는 경우가 많이시다. 이는 경세성장에 대한 일면적이고 피상적인 비판에 머물 가능성이 크다. 생태 위기의 뿌리가 자본주의 성장 체제라면 우리가 해야 할 일은 성장 신화와의 성전 대결이다. 이를 위해선 경제성장의 실체를 더욱 철저하고 명확하게 이해할 필요가 있다.

두말할 나위도 없이 경제성장이란 경제의 양적인 규모가 커지는 것을 뜻한다. 이것을 재는 가장 중요한 잣대는 GDP, 곧 국내총생산이다. 알다시피 GDP란 한 나라 안에서 한 해 동안 생산된 재화와 서비스를 모두 합한 금액을 시장 가격, 즉 화폐 단위로 나타낸 것이다. 다시 말하면 화폐로 측정할 수 있는 물건과 서비스의 총생산량을 양적으로 계산한 것이다. 따라서 생산과 화폐 거래가 더 늘어나기만 하면 GDP는 올라가고 경제성장을 이룬 것이 된다. 문제는, 그러다 보니 실제 현실에서는 어처구니없는 일이 종종 벌어진다는 점이다.

가령 전쟁이 터지고, 환경 사고나 자동차 사고가 나고, 숲이 파괴되고, 태풍으로 도시가 쑥대밭이 되고, 사람들이 병에 많이 걸려도 GDP는 올라가고 경제는 성장한 것이 된다. 이 모든 경우에 생산이 늘어나고 화폐 거래가 증가하기 때문이다. 전쟁이 터지면 어떻게 되는가? 무기를 더 많이 생산하고 사고판다. 자동차 사고가 나면 어떻게 되는가? 부품을 교체하거나 새 차를 사야 한다. 나무를 베어내 사고팔고 그것을 목재로 가공할 때도,

태풍으로 부서진 건물과 다리를 새로 지을 때도 생산이 늘고 돈이 오간다. 병에 걸린 사람이 많아질수록 의약품 생산과 소비가 늘어나고 병원과 약국 매출액이 증가한다. 사람이 죽고 환경이 망가지고 공동체가 무너지고 사회가 병들어도 모두 GDP가 증가하고 경제가 성장하는 결과를 낳는 것이다.

프랑스의 철학자이자 생태주의 이론가인 앙드레 고르스가 《에콜로지카》에서 제시한 이런 경우는 또 어떤가? 어떤 마을에서 주민들이 힘을 합쳐 우물을 팠다고 가정해 보자. 덕분에 마을 사람들 전체가 거기서 자유롭게 물을 길을 수 있게 됐다. 이 우물물은 공동의 재산이고, 우물은 공동 노동의 산물이다. 우물은 마을 사람들에게 커다란 이득과 혜택을 안겨준다. 그런데 이렇게 된다고 해서 GDP가 증가하지는 않는다. 화폐 교환이 발생하지 않아서다. 물을 상품으로 사고파는 행위가 발생하지 않았다는 얘기다. 이에 반해 어떤 사기업이 우물을 파서 자기 소유로 만든 뒤 마을 사람들에게 돈을 받고 물을 판다면 어떻게 될까? 이 경우에는 GDP가 증가한다. 주민이 기업에 물 사용료를 지불하는 만큼 화폐 교환이 발생하기 때문이다.

문제는 여기서 그치지 않는다. GDP에는 인간의 전체 생산 활동에서 자연이 맡는 몫이 포함되지 않는다. 깨끗한 공기와 물, 토양, 숲과 나무, 갯벌, 생물 다양성 등은 아주 크고 다양한 가지를 지닌다. 하지만 이런 가치는 현대 자본주의 경제의 '통계 숫자'에는 고려되지 않는다. 그냥 공짜로 또는 저절로 주어지는 것으로 여겨진다. 우리가 살아가는 데, 혹은 이 세상이 유지되는 데 무척 중요한 요소인데도 화폐 거래가 없다는 이유로 GDP에서 빠지는 것들도 적잖다. 가사 노동, 돌봄 노동, 자급 노동, 상호부조 활동, 봉사 활동, 물물교환 등이 그런 것들이다.

그래서 이런 일이 벌어지곤 한다. 우리 집 뜰에서 키운 감자를 이웃이나 친구들과 나눠 먹는 건 경제적으로 아무런 의미도 없다. 하지만 먼 외국에서 수입해 온 포테이토칩 과자를 편의점에서 사 먹는 건 경제성장에 이바지하는 행위가 된다. 돈을 받고 일하는 가사 도우미나 육아 도우미는 경제활동인구로 등록된다. 하지만 경제적 대가 없이 집에서 가사 노동을 도맡아 하는 식구는 생산 활동을 하지 않는 쓸모없는 사람으로 여겨진다.

이처럼 GDP는 삶의 참된 풍요와는 거리가 먼 개념이다. 사람에게 꼭 필요한 생산과 공급, 우리가 소중히 여기는 가치 등을 제대로 반영하지 않는다. 사람들의 기본적이고 핵심적인 필요가 얼마나 충족되는지를 알려주지도 않는다. 여기에는 '무엇을 왜 생산하는가?'라는 본질적인 질문이 빠져 있다. 생산의 열매가 어떻게 분배되는지, 그 생산의 과정과 결과가 어떤 인간적·사회적·생태적 결과를 낳는지에 대한 관심도 없다. 순전히 양적인 개념인 GDP는 이 세상이나 우리 삶의 진상과는 무관한, 아니 더 정확하게 말하자면 그 진상을 감추거나 왜곡하는 차가운 통계 숫자에 지나지 않는다.

세계화 경제 시스템이 확립되기 이전에는 GDP 대신 GNP(국민총생산)라는 용어가 널리 쓰였다. 1930년대에 이 GNP 계산법을 창안한 미국 경제학자 사이먼 쿠즈네츠조차도 자신이 만든 GNP 개념을 비판한 적이 있다. 그는 GNP가 한창 인기를 끌던 1960년대 초에 이미 GNP에 대한 맹신의 위험성을 경고하면서 국민소득이라는 지표로 한 나라의 후생을 추론하는 건 거의 불가능하다고 지적했다.

경제성장의 허구성을 선구적으로 파헤쳤던 영국 경제학자 E. F. 슈마허는 GDP 같은 것은 사과 개수와 텔레비전을 보면서 보낸 저녁 시간을 기계적으로 더한 것처럼 아무런 의미가 없는 개념이라고 일갈했다. 1960년대 초 미국 대통령을 지낸 존 F. 케네디의 동생이자 미국 법무부 장관을 역임한 로버트 F. 케네디가 했다는 이런 말은 어떤가. "GDP란 간단히 말해, 삶을 가치 있게 만드는 것을 제외한 모든 것을 측정한다."

GDP 수치와 경제성장률은 사회나 인간 발전을 평가하는 지표가 될 수 없다. GDP가 늘어나고 경제가 성장하는 것을 무턱대고 좋은 것이라고 여기는 건 환상 혹은 착각에 지나지 않는다.

성장의 신화는 어떻게 생겨났을까? 방금 언급한 E. F. 슈마허는 그의 대표작 《작은 것이 아름답다》에서 이것이 '소득'과 '자본'을 제대로 구분하지 못한 결과라는 흥미로운 분석을 내놓은 바 있다.

소득이란 '어떤 일을 하고서 얻는 수입'이다. 자본이란 '장사를 하거나 사업을 하는 데 기본 밑천이 되는 돈'이다. 어떤 사업가도 자본을 빠른 속도로 까먹으면서 이제는 생산이 늘어나리라고, 우리 회사는 영원히 발전하리라고 생각하지 않는다. 자본을 까먹으면 생산과 발전의 토대를 갉아먹음으로써 오히려 망하는 길로 가게 된다. 슈마허는 지금 우리 경제가 이 사실을 잊고 있다고 꼬집는다.

이를 잘 보여주는 게 석유다. 석유는 인간이 생산한 자원이 아니다. 본디 자연에 존재하던 것을 인간이 '찾아냈을' 뿐이다. 더군다나 석유는 재생될 수 없다. 많이 쓸수록 빨리 줄어들 수밖에 없다. 중요한 건 석유가 소득이 아니라 자본이라는 사실이다. 인간이 수고해서 만들어낸 것이 아니기 때문이다. 지금 경제는 거꾸로다. 석유를 자본이 아니라 소득으로 취급한다. 본래부터 자연에 묻혀 있던 걸 찾아내 뽑아 쓰는 것인데도 마치 우리가 뭔가를 해서 생긴, 다시 말하면 우리가 만들어낸 이익처럼 여긴다는 말이다. 하지만 말했듯이 자본이 줄어들고 바닥나면 그것은 망하는 길로 가는 것이다. 석유를 자본으로 여긴다면 어떻게든 까먹지 않고 잘 보존하려고 노력할 것이다. 이런 자본이 고갈되고 있는데도 끝없는 성장에 대한 환상에서 벗어나지 못하고 있는 게 바로 지금의 자본주의 시스템과 산업사회 경제다. 이를 두고 슈마허는 '자기 스스로를 죽이는 오류'를 저지르는 짓이라고 신랄하게 비판했다.

이런 오류를 저지르게 된 이유는 뭘까? 그것은 우리가 우리 스스로 만들지 않은 것들은 가치 없는 것으로 취급하는 습성에 길든 탓이다. 생산에 도움이 되는 자본은 다양하다. 과학기술과 전문 지식, 도로·철도·항만·공항 등과 같은 사회간접자본, 각종 기계나 설비·장치 등을 꼽을 수 있다. 우리는 이런 것들을 만들고 유지하는 데 많은 돈과 자원을 쏟아붓는다. 그렇지만 이런 것들은 우리가 이용하는 모든 자본의 일부에 지나지 않는다. 따지고 보면 인간이 만든 것들보다 땅, 물, 공기 등을 비롯해 자연이 제공하는 자본이 훨씬 더 크다. 그런데 자연은 우리가 만든 게 아니다. 이 때문에 우리는 자연을 자본으로 인정하지 않으려 한다. 그래서 소중한 것으로 여기지 않는다. 이게 문제다. 자연을 그저 공짜로 주어진 것, 그냥 선물로 받은 것, 아무렇게나 써노

되는 것 정도로 취급하는 것이다.

지금 우리가 쓰는 화석연료 가격에 기후위기와 환경파괴에 따른 생태적, 사회적 비용이 제대로 반영돼 있는가? 이를테면 석탄 화력발전소를 가동하는 데 들어가는 진짜 비용은 얼마나 될까? 초기 건설비용, 운용 및 관리 비용 등으로 끝나는 걸까? 석탄발전소가 만들어내는 건 전력만이 아니다. 이산화탄소를 비롯한 갖가지 오염 물질과 폐열을 토해놓는다. 그 결과 기후재앙과 같은 생태적 문제는 물론 다양한 건강상 문제와 사회적 비용을 증가시킨다. 이 비용을 발전소 운영 주체가 부담하는가? 아니다. 자연, 사회, 일반 시민, 미래세대 등에 떠넘겨진다. 육식의 문제도 이런 관점에서 살펴볼 수 있다. 우리가 먹는 고기의 가격에 동물들이 겪는 고통의 비용과 공장식 축산업이 일으키는 갖가지 폐해에 따른 비용이 제대로 반영돼 있는가? 이렇듯 자본주의 경제는 본디 이익은 사유화하고 손실은 사회화하는 시스템이다. 지금의 경제가 제 무덤을 스스로 파는 '자멸적 경제'라 불리는 까닭이다.

'사용가치'와 '교환가치'라는 개념으로 무한 성장주의를 낳을 수밖에 없는 자본주의 경제 시스템의 본질을 설명하는 이들도 있다. 사용가치란 말 그대로 어떤 상품을 사용할 때 실현되는 가치다. 예를 들어 가방은 물건을 담아서 들고 다니는 사용가치를, 시계는 현재 시각을 확인하는 사용가치를 지닌다. 인간의 필요를 충족시켜 주는 구체적이고 실질적인 가치다. 교환가치란 한 상품을 다른 상품으로 얼마만큼 교환할 수 있는지를 나타내는 상대적 가치다. 화폐 단위로 표시되는 가격이 교환가치다. 시장에서 상품 거래는 이것을 기준으로 이루어진다. 그러니까 교환가치는 어떤 상품이 지닌 가치의 표현 형태 혹은 표현 양식이라고 할 수 있는 셈이다. 같은 가방이나 시계라도 명품 가방이나 명품 시계는 가격이 엄청나게 더 비싸다. 일반 상품이든 명품이든 사용가치는 같다. 하지만 교환가치는 크게 달라진다.

인류 역사에서 대부분 경제는 사용가치를 중심으로 구성되고 작동했다. 사람의 필요를 채우려고 물건을 만들고 팔았다. 이런 점에서 시장 자체는 나쁜 게 아니다. 인류 역사에서 시장과 그 시장에서 이루어지는 경제 행위인 교환 등은 수천 년 전부터 있었다. 그런데 대단히 특이하게도 자본주의 경제에서 중심이되는 것은 사용가치가 아니라 교환가치다. 이윤을 최대한 많이 남기는 것이 이 경제 시스템의 목적인 탓이다. 이 경제 시스템에서 가방이나 시계를 생산하는 이유는 물건을 담고 시간을 확인하는 것과 같은 사람들의 필요를 충족시키기 위해서가 아니다. 이윤을 창출하기 위해서다. 자본주의라는 '기계'를 움직이는 동력은 사용가치가 아니라 교환가치다. 이것이 자본주의 체제에서 생산·유통·소비·폐기되는 모든 상품의 속성이다.

어떤 경제가 사용가치 중심으로 돌아간다면 무한 성장은 필요하지 않을 것이다. 가방이나 시계를 무한대로 가지려고 하는 사람은 없기 때문이다. 이에 견주어 교환가치를 중심으로 돌아가는 경제는 애당초 끝이란 것 자체가 없는 이윤 추구 논리에 종속되므로 무한 성장의 악순환에 빠질 수밖에 없다. 자본주의 성장 체제가 역사상 명멸했던 다른 경제 시스템들과 결정적으로 다른 점이 이것이다. 여기선 이제 그만하면 됐다거나 이 정도면 충분하다는 생각이 들어설 자리가 없다. 맹목적인 성장의 질주가 되풀이될 뿐이다.

지구의 한계, 성장의 한계

이런 경제, 이런 사회가 지속가능하지 않다는 건 어렵잖게 짐작할 수 있다. 그 구체적인 근거는 뭘까? 무한 성장이 가능하려면 두 가지 전제 조건이 충족돼야 한다. 하나는 에너지와 자원이 무한히 공급될 수 있어야 한다는 것이다. 다른 하나는 쓰레기와 오염 물질이 무한히 배출될 수 있어야 한다는 것이다. 따져볼 것은 이 두 가지가 과연 가능한가다.

앞에서 보았듯이 물건의 일생을 이루는 추출-생산-유통-소비-폐기의 모든 단계는 자원과 에너지를 사용하고 쓰레기와 오염 물질을 내놓는 과정의 연속이다. 그런데 햇빛이나 바람 같은 재생에너지원을 뺀 대다수 에너지원과 자원은 매장량에 한계가 있다. 그 시점이 언제일지는 정확히 알 수 없으나 종국에는 고갈될 수밖에 없다. 에너지와 자원의 무한 공급은 원천적으로 불가능하다. 한편, 기후위기를 일으킨 주범인 온실가스는 인간 활동의 결과로 나온 것이다. 쓰레기의 일종이다. 이 온실가스라는 쓰레기 하나만으로도 이 지구와 인류 전체가 막대한 타격을 입고 있다. 쓰레기와 오염 물질의 무한 배출이 불가능하다는 것을 보여주는 단적인 보기다.

이렇듯 성장에는 한계가 있고, 이는 두 개의 축으로 이루어진다. 하나는 인간에게 물질과 에너지를 제공하는 지구의 자원 생산력의 한계다. 다른 하나는 인간이 배출한 오염 물질과 쓰레기를 저장하거나 처리하는 지구 흡수력의 한계다. 생태 위기는 인간 활동이 이 두 가지 한계를 넘어설 때 발생한다. 주의해야 할 것은 한계들이 긴밀히 맞물려 있다는 점이다. 하나의 한계를 넘어섰는데도 성장을 계속한다면 머잖아 다른 한계에 부닥칠 거라는 얘기다. 대규모 성장이 급속도로 이루어지고 있다면 그 다음 한계는 더욱 빨리 나타날 것이다. 그리다 그 한계가 임계점을 넘어서면 생태계 시스템이 망가지는 속도는 더 빨라지고, 결국 다시는 회복할 수 없는 상태에 빠지게 된다. 오늘날 기후위기의 전개 과정이 보여주는 모습이 이와 비슷하다.

'생태 발자국'이라는 개념은 지구의 이런 한계를 잘 보여준다. 이는 인간이 자연에 남긴 영향의 크기를 발자국으로 표현한 것이다. 지구가 제공하는 생태 용량, 곧 자연 자원과 생태 서비스에 대한 인류의 수요량을 뜻한다. 생태 용량에는 농경지, 목초지, 산림, 어장 등이 두루 포함된다. 보통은 인간이 살아가는 데 필요한 자원을 생산하고 쓰레기를 처리하는 데 드는 모든 비용을 땅의 면적으로 계산해서 수치로 나타낸다. 이것이 생태 발자국 지수이며, 이 수치가 클수록 인류가 지구에 가한 부담과 압박이 크다는 뜻이다. 그래서 생태 발자국은 자연의 공급, 수용 능력과 비교한 지구의 생태적 한계를 나타내는 지표로 사용된다.

이에 따르면 2022년 기준 80억 명을 넘어선 전 세계 인구가 먹고 쓰고 버리는 데 필요한 면적은 지구 1.75개에 달한다. 이미 지구 생태계가 수용할 수 있는 용량을 75%나 초과했다는 얘기다. 지금 추세가 계속된다면 2030년에는 지구가 2개, 2050년이면 3개가 필요하게 될 전망이다. 만약 전 세계인이 한국인처럼 산다면 3.5개의 지구가, 미국인처럼 산다면 4~5개의 지구가 필요하리라고 한다. 생산, 소비, 폐기 같은 인간 활동의 영향이 지구가 감당할 수 있는 한계를 이토록 크게 넘어서고 있으니 지구가 결딴나지 않는다면 그게 외려 이상한 일이 아니겠는가?

이렇듯 이미 우리는 막대한 '생태적 빚'을 짊어진 채 살아가고 있다. 갈수록 쌓이는 '생태 적자'는 고스란히 미래세대로 전가된다. 미래 자체가 무한 성장의 신화 아래서 끊임없이 도살되고 있다고 해도 지나친 말이 아니다. 이래도 되는 걸까?

무한한 성장이 가능하다고 믿는다면

물론 기술혁신 등에 힘입어 어떤 자원이나 에너지원의 새로운 매장지를 찾아낼 수도 있고 대체 자원을 개발할 수도 있다. 셰일 에너지 사례처럼 어떤 자원이나 에너지원의 매장 사실은 알고 있어도 추출할 기술이 없어 사용하지 못하다가 새로운 기술 개발로 상용화에 성공할 수도 있다. 하지만 그렇다고 해서 한계가 사라질 수 있을까? 그렇지 않다.

예를 들어 석유를 보자. 오랫동안 인류는 대체로 질도 좋고, 채굴비용도 적게 들고, 큰 기술적 어려움 없이 뽑아 올릴 수 있는 석유를 사용해 왔다. 이제 남아 있는 석유 대부분은 바다나 땅속 깊숙한 곳 혹은 북극 같은 곳에 묻혀 있다. 새로운 석유 매장지를 찾아내고는 있지만 추출은 갈수록 힘들어지고 있다. 다수의 다른 에너지원과 자원도 비슷한 처지에 놓여 있다. 그래서 이제 인류가 더 많은 걸 손에 넣으려면 더 심각한 환경파괴는 물론, 더 큰 비용과 난관을 무릅써야 한다. 게다가 이런 곳의 자원이나 에너지원은 질이 떨어져서 실제 필요한 용도로 가공하려면 비용과 자원 등을 추가로 투입해야 할 때가 많다.

그러다 보니 대형 사고가 터질 위험도 커진다. 대표적인 사례가 지난 2010년 4월, 미국 남부 멕시코만 앞바다에서 터진 역사상 최악의 기름 유출 사고다. 비극은 바다 밑에 묻혀 있는 석유를 퍼 올리는 시설이 폭발 사고와 함께 부서지면서 시작됐다. 바다 밑바닥 깊숙한 곳까지 박아놓은 석유 파이프가 망가지는 바람에 엄청난 양의 기름이 뿜어져 나왔다. 이 사고로 근처 바다는 폐허로 변하다시피 했다. 경제적으로도 엄청난 피해가 발생했다. 폭발 사고로 11명의 사람이 죽기까지 했다. 사고를 일으킨 시추 장비가 바다 아래로 뚫고 들어간 깊이는 무려 5,400미터에 이르렀다. 자원과 에너지를 끝없이 뽑아 쓰려면 이런 식의 대형 사고 발생 위험을 갈수록 더 크게 떠안을 수밖에 없다.

셰일 오일과 셰일 가스를 통칭하는 셰일 에너지도 다르지 않다. 미국은 2000년대 들어 수압파쇄라는 새로운 채굴 기술을 개발해 졸지에 셰일 에너지 대국이 됐다. 프랙킹(fracking) 공법이라 불리는 이것은 모래와 화학물질 등을 섞은 대량의 물을 초고압으로 분사해 거대한 암석을 파쇄함으로써 그 암석층에 갇혀 있는 석유와 가스를 뽑아 올리는 기술을 가리킨다. 이 덕분에 미국은 세계 최대 산유국 지위를 되찾았다. 에너지 수입국에서 수출국으로 바뀌기까지 했다.

하지만 이 방식은 적잖은 문제를 안고 있다. 엄청난 물 낭비로 수자원을 고갈시키는 데다 물속에 섞여 있는 화학물질이 지하수와 토양을 오염시킨다. 또 셰일 가스에는 온실가스의 일종인 메탄(메테인)이 포함돼 있어서 이것을 제대로 제거하지 않으면 대기오염을 일으키고 기후위기를 악화시키게 된다. 때로는 땅 밑 2,000~3,000미터까지 파 내려가기도 하는 탓에 지하 곳곳에 균열을 남겨 지반 침식이 일어날 위험도 커진다. 지진에 대한 우려도 함께 제기된다. 더 근본적으로는 셰일 에너지 또한 언젠가는 바닥날 수밖에 없는 화석연료라는 점이 중요하다. 한계는 사라지지 않는다. 그 시점이 유예될 뿐이다.

석유 대체 물질 또한 기술 발전에 힘입어 끊임없이 새롭게 개발될 것이다. 하지만 그것이 지금 석유가 누리는 압도적인 지위와 영향력을 대신할 수 있을까? 부분적인 용도나 목적으로, 또는 어느 정도까지는 요긴한 구실을 할 수 있겠지만 말이다. 힘, 성능, 효율성, 편리성 등 여러 측면에서 석유보나 나은, 아니

석유만큼이라도 되는 대체 물질을 만들어 내기는 쉽지 않다. 현대사회와 현대인이 왜 그토록 깊이 석유에 중독됐겠는가. 어떻게든 석유 대체 물질이 계속 등장한다고 해도 그것이 석유를 흥청망청 쓰면서 번창해 온 지금까지의 경제성장을 뒷받침하기는 어려울 가능성이 크다.

한편으로, 전통적인 제조업 중심 경제에서 서비스업과 디지털 산업 중심으로 경제구조가 바뀌면 '공장 굴뚝'이 줄어듦으로써 생태 위기를 제어하면서도 경제성장을 지속할 수 있으리라는 견해가 있다. 상당히 그럴싸하게 들린다. 실제로는 어떨까? 객관적 사실은 그렇지 않다는 것을 보여준다.

이유가 있다. 가령 서비스업의 대명사라 할만한 관광업을 떠올려 보라. 관광업이 발달하면 공항, 비행기, 유람선, 리조트, 테마파크, 휴양시설, 골프장, 호텔, 유흥시설 등도 늘어나기 마련이다. 대체로 자원과 에너지를 대량으로 잡아먹고 오염 물질도 많이 내놓는 것들이다. 정보통신 산업은 어떨까? 이 분야라고 해서 산업 활동이 '온라인'으로만 이루어지는 게 아니다. 에너지와 자원을 많이 소모하는 갖가지 인프라를 '오프라인' 곳곳에 대규모로 갖춰야 한다. 거대한 데이터 센터 등이 대표적이다. 컴퓨터를 비롯한 수많은 관련 제품과 부품의 생산, 소비, 폐기도 갈수록 늘어날 테니 자원과 에너지 소비량도 증가할 수밖에 없다.

첨단 산업이 발전하고 산업구조가 바뀐다 해도 경제의 기본 작동 원리와 방식이 바뀌지 않는 한 성장주의 경제가 일으키는 폐해를 줄이긴 어렵다.

지구에는 한계가 있다. 이것이 성장의 한계를 규정한다. 미국 경제학자 케네스 볼딩은 이렇게 말했다. "유한한 세계에서 무한한 성장이 가능하다고 믿는 자는 미친 사람이거나 경제학자다."

'원금'은 두고 '이자'만으로 살자

잊지 말아야 할 것은 땅, 물, 공기, 각종 에너지원과 자원은 우리 인간이 만들어낸 것이 아니며 만들어낼 수 있는 것도 아니라는 점이다. 그런데 우리의 생존과 삶은 이런 것들에 의존한다. 이는 명백한 진실이다. 살펴봤듯이 경제성장의 규모와 속도에 한계가 있다는 것 또한 명백한 진실이다. 그러므로 이런 결론에 이르게 된다. 자연 생태계를 저금이라 한다면 '원금'을 자꾸 까먹지 말고 '이자'만으로 살아가는 게 가장 지혜로운 삶의 방식이자 문명의 형태라는 것.

배워야 할 것은 자연이다. 자연은 끝없이 성장하지 않는다.

이를테면 나무를 보라. 아무리 높이 자란들 하늘에까지 닿진 않는다. 사람의 몸을 보라. 키가 아무리 자란들 2미터를 넘는 경우는 매우 드물다. 인간은 바벨탑을 쌓았다. 하늘이라도 뚫을 기세였다. 하지만 결국에는 무너지고 말았다. 자연은 다르다. 성장하다가 적절한 때가 되면 멈출 줄 알고 스스로 성장을 제한할 줄 아는 게 자연의 생명 세계다. 그다음에는 평형과 안정의 상태로 접어든다. 이것이 균형을 갖춘 성장, 곧 성숙의 참모습이다. 성숙의 본령은 한계에 있다.

좁은 범위에서만 숲을 베면 동식물이 큰 영향을 받지 않는다. 하지만 일정 면적 이상의 숲이 사라지면 그때부터는 동식물이 아주 빠르게 사라진다. 화산 폭발도 매한가지다. 마그마는 땅 표면 아래에서 오랫동안 부글부글 끓어오르다 압력을 더는 이겨낼 수 없는 최후의 '결정적 시점', 곧 티핑 포인트에 이르면 한순간에 분출한다. 이것이 자연 생태계의 또 하나의 중요한 특성이다. 티핑 포인트에 이르기까지는 변화의 정도가 미미하고 속도도 느린 것처럼 보일 수 있다. 그러나 어느 순간 티핑 포인트를 넘어서 버리면 그땐 사태를 수습하기 힘들다. 상황을 돌이킬 수도 없다. 한계에 무감각하거나 무지하면, 혹은 한계를 무시하거나 경시하면 이 티핑 포인트를 놓치게 된다. 지금 우리는 티핑 포인트에서 얼마나 떨어져 있을까?

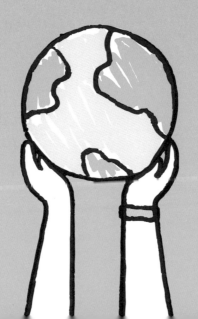

3장

소비사회는 빈곤사회다

당신의 스마트폰을 일찍 죽게 하는 방법

당신은 지금 사용하는 스마트폰을 언제 샀는가? 스마트폰은 대다수 현대인의 필수품이다. 고장이 나거나 성능이 떨어지면 서둘러 새것으로 교체할 수밖에 없다. 어떻게 하면 탈 없이 좀 더 오래 쓸 수 있을까. 이는 모든 스마트폰 사용자들의 공통 관심사다.

국제 환경단체 그린피스는 2017년 상반기에 이런 사람들의 눈길을 잡아끄는 보고서를 내놓았다. 그린피스는 전문가들과 함께 당시 기준으로 최근 2년 동안 판매된 가장 인기 있는 스마트폰, 노트북, 태블릿 PC 44개 제품을 뜯어보고 조사했다.

결과는 어땠을까? 조사한 44개 제품 가운데 절반 이상이 액정 화면과 배터리를 교체하기 어렵거나 아예 불가능하게 만들어진 것으로 밝혀졌다. 그린피스는 지나친 소비 조장과 자원 낭비가 제조 회사들 책임이라고 주장하면서 '제조 회사가 당신의 스마트폰을 일찍 죽게 하는 방법'을 다섯 가지로 나누어 설명했다.

첫째, 그들은 일부러 수리와 관리가 어렵게 만들었다. 부품을 아예 보드 위에 납땜하는 방식 등을 사용했다고 한다. 둘째, 스마트폰을 점점 더 망가지기 쉽게 만들었다. 유리로 만들어진 탓에 잘 부서지는 액정 화면이 그 보기로 자주 거론된다. 셋째, 배터리 교체가 더 어려워졌다. 조사한 제품의 70%에서 접착제가 지나치게 많이 사용되거나 디자인 자체에 문제가 있었다. 그 바람에 배터리 교체가 불가능하거나 아주 어려웠다고 한다.

넷째, 일반적인 도구를 사용해서 스스로 수리할 수 있는 기기가 무척 드물었다. 수리가 가능한 경우도 시간과 비용이 많이 들었다. 제조 회사가 만든 특수 공구 없이는 수리가 어려운 경우도 많았다. 다섯째, 수리 설명서와 교체용 부품을 거의 제공하지 않았다.

성장주의, 성장사회의 다른 이름은 소비주의, 소비사회다. 끝없는 성장의 필수 전제 조건이 끝없는 소비이므로 이는 당연한 얘기다. 성장주의와 소비주의, 성장사회와 소비사회는 자본주의 성장 체제가 낳은 쌍둥이인 동시에 이 체제를 떠받치는 양대 기둥이다. 그린피스 보고서가 들려주는 이야기는 우리가 살아가는 소비사회가 어떻게 작동하고 번창하는지를 여실히 보여준다.

소비의 산물이 쓰레기이므로 쓰레기 이야기부터 해보자. 자본주의 성장 체제에서 사람-쓰레기-자연 사이의 관계는 그 이전과 비교할 때 근본적으로 변했다. 쓰레기의 기능과 구실이 완전히 달라졌다. 쓰레기는 이제 경제의 수동적인 부산물이 아니다. 경제성장의 능동적인 원동력이 되었다. 쓰던 물건을 빨리, 그리고 끝없이 많이 버리는 것이 상품 시장과 경제를 성장시키는 열쇠가 되었기 때문이다. 특히 기술과 유행의 빠른 변화, 일회용품과 포장 제품의 확산, 플라스틱 제품의 대중화 등이 이런 흐름에 기름을 부었다. 그 바람에 멀쩡한 물건도 한물가거나 쓸모가 다한 것으로 여겨지게 됐다. 현대인들은 계속 '새것'을 사고 또 산다. 동시에, 그것을 계속 버리고 또 버린다. 이러지 않으면 뒤떨어지거나 고리타분한 사람으로 여겨지기 일쑤다.

이런 소비사회의 속성을 잘 보여주는 개념이 '진부화(구식화 또는 노후화, obsolescence) 전략'이다. 소비가 무제한으로 계속되려면 기존에 쓰던 물건들이 빨리 사라져 주어야 한다. 그러자면 물건을 어떻게든 빨리 낡은 것, 한물간 것, 뒤떨어진 것, 망가진 것, 고장 난 것으로 만들어야 한다. 그래서 등장한 것이 이 전략이다. 여기에는 크게 세 가지 종류가 있다. 이 문제를 집중 연구한

프랑스 경제학자 세르주 라투슈의 설명을 들어보자.

첫 번째는 기술적 진부화이다. 이는 기술적 개선과 진보에 따라 어떤 기계나 설비가 구식으로 전락하는 걸 말한다. 예를 들어 증기기관차가 등장하자 마차는 밀려났다. 컴퓨터가 개발되자 타자기는 급속도로 사라졌다. 두 번째는 심리적(상징적) 진부화이다. 이는 실질적인 기술이나 기능의 발전이 아니라 광고나 유행, 취향 등의 변화에 따라 물건이 구식으로 바뀌는 걸 가리킨다. 이 경우에 이전 제품과 새 제품의 차이는 겉모습의 차이에 지나지 않을 때가 많다. 대개 디자인이나 색깔 등의 변화에 그친다. 심지어는 포장만 살짝 달라지기도 한다.

가장 고약하고도 음흉한 것은 세 번째인 의도적(계획적) 진부화이다. 이것은 제품에 일부러 '결함'을 삽입하는 걸 가리킨다. 처음부터 의도적으로 물건 수명을 짧게 만들기도 한다. 프린터를 만들 때 종이 인쇄 매수가 일정 분량을 넘으면 자동으로 작동을 멈추는 마이크로 칩을 삽입하거나, 제품 보증 기간이 끝나자마자 고장이 나도록 기계를 설계하는 것 등이 그런 보기다. 그린피스 보고서가 고발하듯이 특히 컴퓨터, 스마트폰, 전자책 단말기, 태블릿 PC 등에서 이 전략이 널리 사용된다.

현대 소비사회는 사람들이 소비하는 이유 또한 크게 바꿔놓았다. 옛날에는 삶의 실제 필요나 욕구를 충족시키는 것이 소비의 주된 이유였다. 배가 고프니 먹거리를 사 와서 먹었다. 몸을 가려야 하고 날씨가 추우니 옷을 사서 입었다. 요즘은? 누구나 경험하듯이 현대인들의 소비생활에서 단순히 물질적 필요만을 충족시키기 위한 소비의 비중은 크지 않다. 편리함, 효율성, 청결함, 쾌적함, 외관 디자인 등이 기존 물건을 버리고 새것을 사는 더 큰 이유다. 특히 편리함이 효율성과 결합하면서 사람들이 일하는 데 쓰는 시간과 수고를 줄여주는 물건들이 쏟아져 나오게 되었다.

예컨대 오늘날 대부분 가정은 세탁기, 냉장고, 진공청소기, 전자레인지 등을 빠짐없이 갖추고 있다. 이런 물건들은 사람들 생활을 편리하고 안락하게 해주며 시간을 아끼게 해준다. 그 덕분에 옛날 같으면 하인을 거느린 부자들의 전유물처럼 여겨졌던 '여유를 즐기는 생활'을 이젠 보통 사람들도 누릴 수 있게 되었다.

이처럼 오늘날 소비는 물질적인 필요의 만족 자체가 아니라 그 만족을 얼마나 빨리, 손쉽게, 쾌적하게 얻느냐 하는 것이 핵심이 되었다. 그 결과 소비는 자유, 해방, 행복 같은 것을 뜻하게 되었다. 뭔가를 사면 자유를 누린다는 느낌이 든다. 소비를 많이 할수록 더 우월하고 특별한 사람이 되는 것 같다. 이제 현대인은 소비라는 행위를 통해 물질적 만족을 넘어 정신적인 만족과 사아실현의 충족감마저 맛보게 되었다.

이런 흐름을 타고 생겨난 유행어가 '고객은 왕이다'라는 말이다. 소비하라! 그리하면 왕이 되리라! 소비사회가 끊임없이 속삭이는 목소리다. 이 감미로운 유혹을 물리치기란 정말이지 쉬운 일이 아니다. 하지만 충분한 것을 너무 적다고 여기는 사람에게는 아무리 많은 것도 충분하지 않은 법이다. 자본주의 성장 체제는 사람들을 이런 물신주의적 소비 욕망의 노예로 훈육해왔다. 자본주의는 물건을 대량생산할 뿐만 아니라 욕망을 대량생산하고 그럼으로써 소비자 또한 대량생산한다. 이를 바탕으로 자본주의 성장 체제는 지금 이 순간도 '소비 왕국'의 영토를 게걸스럽게 넓혀가고 있다.

악마의 맷돌

이렇게 해서 탄생한 것이 '호모 콘수무스(Homo Consumus)', 곧 '소비하는 인간'이다. 소비사회의 신인류다. 이제 소비는 인간의 정체성을 규정하는 가장 강력한 요소가 되었다. 물론 자본주의 사회 이전에도 뭔가를 많이 가지려는 인간의 욕망 자체는 유구한 역사를 자랑해 왔다. 이전과 다른 자본주의의 특별한 문제는 무엇인가? 두 가지다. 하나는 그 욕망이 한계를 무시한 채 무한을 향해 질주한다는 점이다. 다른 하나는 욕망이 만들어지고 채워지는 방식이 지나치게 파괴적이어서 우리 삶과 생존의 토대를 무너뜨린다는 점이다.

'소비가 너희를 자유롭게 하리라'는 자본주의의 선전은 그러므로 거짓말 아니면 허풍에 지나지 않는다. 생각해 보라. 소비사회에서 소비자는 그저 주어진 메뉴 안에서 뭔가를 수동적으로 선택할 수 있을 뿐이다. 참된 자유란 무엇인가? 메뉴의 항목과 내용을 내가 직접 결정하는 것이다. 주어진 답안지 안에서 답을 고르는 게 아니라 답안지 자체를 내가 만드는 게 자유다. 소비사회는 사람을 자유롭게 하기는커녕 도리어 자유를 근원적으로 억압하거나 왜곡한다고 해도 그리 틀린 말이 아니다.

이런 얘기의 연장선에서 우리가 확인할 수 있는 것은, 자본주의 성장 체제는 자연뿐만 아니라 인간도 파괴한다는 사실이다. 왜 그럴까? 이 체제에선 사람이 상품을 소비하는 데서 끝나는 게 아니라 사람 자체가 상품으로 소비되기 때문이다. 이 체제에서 인간이 물건처럼 취급되는 건 무슨 특별하거나 예외적인 상황에서 벌어지는 일이 아니다. 분야와 영역에 상관없이, 언제 어디서나 일상적으로 벌어지는 일이다. 인간의 상품화와 사물화. 이는 이 체제의 구조적 본질이다. 자본주의 성장 체제를 난

순한 환경파괴 차원을 넘어 인간과 자연을 모두 망가뜨리는 총체적인 생명 파괴 시스템으로 바라봐야 하는 이유가 여기에 있다. 생태 위기는 물리적 자연환경에 국한되지 않는다. 인간과 삶의 위기, 사회 공동체의 위기 등과도 깊이 연동돼 있다.

이는 대단히 중요한 논점이므로 좀 더 상세히 논의할 필요가 있다. 먼저 한 가지 사례를 살펴보자.

1970년대 미국에서 '포드 핀토(Ford Pinto) 사건'이라 불리는 일이 벌어졌다. 당시 포드사에서 만들어 팔던 소형차 핀토는 아주 잘나가던 차였다. 그런데 이 차에는 중대한 안전상 결함이 있었다. 뒷부분에 충격이 가해지면 연료 탱크가 폭발하는 사고가 자주 일어났던 것. 그 바람에 해마다 많은 사상자가 발생했다. 소비자의 불만과 항의가 빗발쳤다. 이에 포드사는 나름의 방식으로 차의 안전성을 개선하는 설계 변경에 드는 비용과 피해자들에게 지급해야 할 손해배상금을 계산해서 비교해 봤다. 전자가 훨씬 컸다.

포드사는 어떤 선택을 했을까? 그들은 자본주의 이윤 논리를 충실히 따랐다. 연료 탱크의 결함을 개선하는 대신 사고를 당해 죽고 다친 사람들에게 손해배상을 해주는 게 더 이익이라는 결론을 내린 것이다. 생명의 가치를 무시한 채 경제적 손익계산만 앞세운 포드사의 처사에 시민들의 분노가 폭발했다. 그나마 상황을 조금이라도 바로잡은 것은 법원 판결이었다. 법원은 포드사에 피해자들에 대한 손해배상과는 별도로 연료 탱크 개선에 드는 비용과 맞먹는 액수의 징벌적 손해배상을 선고했다.

이 이야기에서 보듯 세상 무엇과도 바꿀 수 없는 사람 목숨보다 돈을 먼저 챙기는 것이 자본주의 성장 체제다. 여기선 어떤 재화를 생산할 때 그것에 얽힌 맥락이나 사연에 기본적으로 별 관심이 없다. 예를 들어 어떤 물건이 어린이들의 노예 노동으로 생산된 것이든 말든, 사람들을 해치고 죽이는 데 사용되든 말든, 극심한 환경파괴를 일으키든 말든, 그것을 취하는 사람에게 경제적 이득을 최대한 많이 안겨주기만 하면 그것이 최고다. 사적 이기주의에 기초한 무책임과 부도덕의 제도화. 이 체제에서 펼쳐지는 경제활동의 기본 속성이 이것이다.

헝가리 출신의 경제사상가 칼 폴라니는 일찍이 이런 식으로 돌아가는 경제 시스템을 '악마의 맷돌'이라 불렀다. 그의 대표 저서 《거대한 전환》에서다. 어떤 곡물이든 맷돌 속으로 들어가면 똑같은 가루로 빻아져 나온다. 마찬가지로 인간과 자연을 포함한 모든 것이 지금의 경제 시스템 속으로 들어가면 형체도 없이 몽땅 짓이겨져 획일적인 '상품'으로 전락하고 만다는 뜻이 이 말에는 담겼다. 바로 이 '모든 것의 상품화'가 자본주의의 이윤 추구 논리가 구현되는 방식이다,

상품화란 구체적으로 뭘까? 핵심은 뭔가에 가격을 매기는 것, 곧 '가격화'다. 내가 필요한 물건을 스스로 집에서 만들어 사용하면 그건 상품이 아니다. 시장에서 사고파는 것이 상품이다. 시장에서 이런 거래가 이루어지려면 거래 당사자들 사이에 정해진 어떤 기준이 있어야 한다. 기준이 없다면 이해관계 차이에 따른 혼돈과 분쟁을 피할 수 없어서다. 이 기준이 가격이다. 자본주의 경제 시스템에서는 어떤 것도 이런 가격화와 상품화의 운명을 피할 수 없다. 당연히 사람도 여기에 포함된다.

하지만 이 세상에는, 그리고 우리네 인생에는 가격을 매길 수 없고 또 매겨선 안 되는 것들이 얼마나 많은가. 사람의 목숨에 가격표를 붙일 수 있는가? 자연도 마찬가지다. 가령 숲을 생각해 보라. 숲은 하는 일이 아주 많다. 이산화탄소를 흡수하고 산소를 내뿜어 맑은 공기를 제공한다. 물을 저장하고 정화함으로써 깨끗한 물을 흘려보내 준다. 나무와 토양이 스펀지처럼 물을 머금어 홍수를 막고, 나무뿌리들이 흙을 단단히 붙잡아 토양을 안정시키고 땅의 침식과 산사태 등을 방어한다. 습도를 높이고 바람을 막아 기후도 조절한다. 이렇게 해서 숲은 수많은 동식물의 보금자리가 되고 다양한 생명의 향연이 펼쳐지는 무대가 된다. 숲이 지닌 이런 다채로운 가치는 눈에 보이지도 않고 측정할 수도 없다. 여기에 가격을 매길 수 있는가?

상품과 가격의 전체주의 아래 생명의 신성함이 사라진 곳에선 어떤 사물도 자신의 본성과 가치를 잃어버릴 수밖에 없다. 이런 세상이 온전할 리 없다. 가격을 매길 수 없는 것에 가격의 불도장을 찍고 경제적 계산을 적용해선 안 되는 것을 경제적 계산의 철창에 가두는 것은 그 자체로서 폭력이기 때문이다.

그 결과 자본주의 성장 체제에서는 일쑤 파괴나 폭력이 부의 원천이 된다. 언급했듯이 사람이 몸을 다치거나 병에 걸리는 것마저도 그것이 약과 의료 서비스 소비를 증가시키는 한 부가 늘어난 것으로 계산하는 게 그 상징적인 사례다. 이 체제의 이런 속성은 자본주의가 성장과 팽창을 위해 추진했던, 그리고 자신에게 위기가 닥칠 때마다 돌파구로 내세웠던 여러 조치에서도 잘 드러난다. 인클로저, 식민화, 전쟁, 노예무역, 자원과 토지 강탈, 신자유주의 구조조정 등이 그런 보기들이다. 알다시피 이 과정에서 필연적으로 수반되는 고통과 피해는 자연뿐만 아니라 인간들에게도 떠넘겨졌다. 그중에서도 사회경제적 약자, 식민지와 약소국 민중, 미래세대 등이 집중적으로 희생양이 되었다.

대표 사례로 인클로저 이야기만 살펴보자. 중세가 저물어가던 15세기 무렵부터 19세기에 걸쳐 영국에시 진행된 인클로저

(enclosure) 운동은 지주들이 미개간지, 공동 방목장이나 경작지, 황무지, 교회 토지 등과 같은 공유지에 울타리를 둘러치고서 이 곳들을 사유지로 만든 일을 가리킨다. 그 바람에 공유지에서 농 사를 짓다가 쫓겨나게 된 농민들은 큰 타격을 받았다. 지주들이 이렇게 한 이유는 공유지를 양을 키우는 목초지로 바꾸면 큰돈 을 벌 수 있었기 때문이다. 직물공업의 발달로 양털값이 크게 뛰 었던 당시 영국의 상황이 그 배경이다.

이들 상류 지주 계층은 그 뒤 자본주의 발달과 함께 새로운 지배 세력으로 올라섰다. 반면에 쫓겨난 농민들은 먹고살 길을 찾아 도시로 떠날 수밖에 없었다. 공장에서 낮은 임금을 받으며 고되게 일하는 공업 노동자가 되는 것 외에는 다른 방도를 찾을 수 없었다. 이에 당시 한창 발전하고 있던 자본주의는 환호성을 질렀다. 경제성장에 꼭 필요한 값싼 노동력이 풍부하게 공급됐 기 때문이다. 영국의 사상가이자 저술가인 토머스 모어는 이런 현실을 보면서 "전에는 사람이 양을 잡아먹었지만 지금은 양이 사람을 잡아먹는다"라고 풍자하기도 했다.

인클로저 운동은 자본주의가 어떻게 성장하는지를 전해준 다. 따지고 보면 이후에도 본질적으로는 이런 인클로저 방식의 침탈과 착취가 자본주의의 융성을 이끌었다고 해도 지나친 말 이 아니다. 세부적인 형태나 양상은 달라졌더라도 말이다. 다시

새기거니와 자본주의 성장 체제는 성장에 따른 비용과 피해를 인간이든 자연이든 상관없이 수많은 타자에게 전가함으로써만 굴러갈 수 있는 시스템이다. 앞서 언급한 '이익의 사유화, 손실의 사회화'가 가리키는 바도 이것이다.

쓰레기처럼 허깨비처럼

이런 곳에서 물질주의 가치관이 널리 퍼지고 인간이나 생명의 존엄성을 가벼이 여기는 문화가 판치게 되는 것은 자연스러운 일이다. 이런 곳에서는 물건을 쉽게 쓰고 버리듯이 사람도 쉽게 쓰고 버린다. 일시적이고 즉흥적인 일회용품 소비주의 문화가 사람에게도 적용된다. 넘쳐나는 실업자, 비정규직 노동자, 아르바이트 노동자, 해고 노동자 등을 떠올려 보라. 난민, 노숙인, 부랑자, 추방자, 망명자, 이주자, 불법체류자 등을 비롯해 수많은 비주류와 소수자들은 사람대접을 더 못 받는다. 사람을 쓰레기처럼 대하는 형태나 방식은 다양하다. 해고, 배제, 소외, 차별, 추방⋯⋯.

인간이 쓰레기 취급을 받는다는 건 인간이 기계처럼 부림을 당한다는 것과 비슷한 얘기다. 19세기 영국의 삭가이자 예술가

였던 윌리엄 모리스는 일찌감치 이런 사회를 '모조품 사회'라고 규정하면서 이렇게 말했다. "모조품 사회는 계속해서 당신을 기계처럼 사용하고, 기계처럼 연료를 공급하고, 기계처럼 감시하고, 기계처럼 일만 하도록 만들 것이다. 그리고 당신이 더 이상 작동하지 않게 되면 고장 난 기계처럼 내다 버릴 것이다."

가톨릭의 프란치스코 현 교황은 지금 시대를 두고 이런 말까지 했다. "많은 사람이 스스로를 쓰고 버려지는 소비재라고 여기지만, 이제는 심지어 쓰이지도 않은 채 그냥 찌꺼기처럼 버려지고 있다." 이것이 겉으로는 매혹적인 물질의 풍요와 멋진 소비로 치장된 것처럼 보이는 자본주의 성장 체제의 뒷골목에서 수시로 벌어지는 일이다.

더 근본적인 차원에서는 인간의 자율성 훼손이라는 또 다른 중대한 문제가 있다. 오스트리아 태생의 사상가 이반 일리치는 '근원적 독점'과 '가난의 근대화'라는 독특한 개념으로 이 문제를 다루었다. 근원적 독점(Radical Monopoly)이란 어떤 물건 없이는 살아갈 수 없는 환경을 만들어 그것을 사용할 수밖에 없도록 강요하는 것을 뜻한다. 일리치는 이것을 성장주의에 매몰된 산업사회의 중요한 특성으로 여겼다.

이것은 다음의 세 단계를 따라 이루어진다. 1단계는 새로운 상품이 만들어졌지만 가격이 비싸서 소수 부유층만 구매할 수 있는 단계다. 2단계는 그것의 가격이 내려가면서 보통 사람들 대다수가 구매하는 단계다. 이 단계에서 그 상품은 가지고 있으면 편리한 물건이 된다. 3단계는 그 상품 없이는 제대로 생활할 수 없게 사회가 재조직되는 단계다. 이제 그 물건은 '편의품'을 넘어 '필수품'이 된다. 그러니까 근원적 독점이 의미하는 바는 하나의 브랜드가 지배하는 상태가 아니라 한 가지 유형의 생산물이 지배하는 상태라고 할 수 있다. 이 상태는 사람들을 강제적으로 소비하도록 만들고, 이는 개인의 자율성을 제약하는 결과를 낳는다. 이렇게 해서 근원적 독점은 자신의 필요를 스스로 결정하고 자신에게 필요한 것들을 스스로 생산할 수 있는 능력을 빼앗아 간다.

이것을 잘 보여주는 건 자동차다. 자동차가 발명됐을 때 초기에는 부자들만 자동차를 살 수 있었다. 그 전에는 아무도 가지지 않았고, 가질 생각도 없었다. 그런데 자동차가 발명되자 갑자기 특정 계층의 사람들이 단지 자동차가 없다는 이유로 가난해지고 말았다. 자동차를 타는 것이 의무처럼 되는 사회가 도래하면 자동차를 소유하지 못한 사람은 가난한 사람이 될 수밖에 없다. 이것이 이반 일리치가 내놓은 또 다른 개념인 '가난의 근대화' 또는 '근대화된 가난'이다. 이반 일리치와 깊은 우정을 나누었던 미국 출신의 작가이자 사회운동가인 더글러스 러미스는 자동차에서 한발 더 나아갔다. 미래에 우리는 우주여행을 가지 못한다는 이유로 가난해질지 모른다고 말이다.

자본주의 시스템에서 기술 발전이나 경제성장은 이런 종류의 '희한한' 가난을 끊임없이 새롭게 만들어낸다. 그 결과 사람들은 끊임없이 뭔가가 '필요한' 상태를 강요당한다. 그 필요는 산업사회의 요구에 따라 무제한으로 늘어난다. 사람들은 역설적으로 더욱 궁핍해진다. 그러므로 이 시스템이 존속하는 한 우리 모두 영원히 가난에 시달릴 수밖에 없다. 사람이 상품과 기술의 타율적 지배 아래 놓이게 되는 건 이런 배경에서다. 무기력한 상태에 빠져 자율적인 삶의 주체로서 살아가기 힘들게 되는 것이다. 늘 관리나 당하는 허깨비 같은 삶. 자본주의 성장 체제에 숨겨진 또 하나의 불편한 진실이 이것이다.

평등이 중요한 이유

자본주의 성장 체제가 일으키는 해악 가운데서 빠뜨릴 수 없는 것이 불평등 심화다. 일각에선 경제성장이 사회 전체의 부를 증가시켜서 결국에는 모두를 잘살게 해주리라고 주장하기도 한다. 하지만 이런 믿음은 진즉에 깨졌다. 경제가 아무리 성장해도 그 열매는 골고루 나누어지지 않는다.

자주 도마 위에 오르는 건 '물이 흘러넘치게 되면 아래쪽으로 떨어진다'는, 이른바 낙수효과 주장이다. 이는 부유층과 대기업 등에 경제적 지원을 해주면 소비와 투자 확대로 이어지고, 이 덕분에 경제가 활성화되면 그 혜택이 저소득층과 중소기업 등에도 돌아갈 것이라는 논리다. 우리나라를 비롯해 수많은 나라의 경험이 보여주듯이 이는 사실이 아니다. 이런 식의 주장은 불평등과 경제성장을 정당화하려는 기득권 옹호 논리에 지나지 않는다.

경제성장을 위해서라면 불가피하게 불평등이라는 대가를 치를 수밖에 없다는 견해도 있다. 이 또한 사실이 아니다. 불평등은 외려 경제성장의 걸림돌이다. 불평등은 공동체의 건강과 평화, 그 속에서 살아가는 사람들의 행복과 안녕은 물론 민주주의와 정치적 안정, 사회적 신뢰와 상호 연대 등을 갉아먹는다. 그 결과 사회 전반의 생산적 활력, 구성원들의 진취적 역동성과 창의성 등을 좀먹는다. 부를 생산하는 데 쓰일 수 있는 사회적 잠재력과 만인의 재능을 제대로 꽃피우지 못하게 하는 장벽으로 작용하는 것이 불평등이다.

불평등이 만들어낸 광범한 빈곤 탓에 수많은 사람이 기본적인 생계유지에 허덕이고 일자리를 구하지도 못하는 곳에서 경제가 번영할 수 있을까? 만약 이런 상황에서 경제가 번영한다면 그 번영이란 것의 실체란 뭘까? 평등은 건강하고 지속가능한 경제의 매우 중요한 토대이자 필수 요소다. 경제성장을 위해서도 불평등 해소에 발 벗고 나서야 한다.

오히려 주목해야 할 것은 불평등한 사회일수록 환경파괴가 더 심하다는 점이다. 가장 큰 이유는 한마디로 부유층이 환경파괴의 주범들이어서다. 부유층 소비의 문제는 소비의 양 자체가 많다는 데서 그치지 않는다. 이들이 소비하는 물건이나 하는 활동은 대체로 에너지와 자원을 많이 잡아먹는 것들이다. 거대 주택과 호화 별장, 사치품이나 명품, 대형 승용차, 개인 전용기와 요트 따위가 그런 보기들이다. 평등의 가치에 걸맞게 누구든 무료나 적은 비용으로 이용할 수 있는 공공재와 공공서비스는 그 반대다. 늘어날수록 지구에 이롭다. 단적으로 교통 분야만 봐도 그렇다. 비행기, 대형 자동차, SUV가 범람하는 경우와 공공성이 강한 대중교통이 중심인 경우를 비교해 보라.

영국 경제학자 케이트 레이워스는 《도넛 경제학》에서 이런 설명도 내놓는다. 불평등이 깊어지면 지위 경쟁에 불이 붙고 과시적인 소비 풍조가 조장된다. 또한 환경보호 법률을 요구하고 입법하고 집행하는 데 필요한 집단행동을 떠받치는 사회적 자본이 훼손된다. 사회적 자본의 토대가 되는 것은 공동체적인 유대, 신뢰, 규범 등인데, 불평등이 이런 것들을 망가뜨리기 때문이다. 그 결과 환경문제에 대응할 수 있는 시민적 역량이 줄어들게 된다. 이 책에 따르면, 공동체의 규범에 맞게 소비를 줄여야 한다는 사회적 압력은 스스로 평등한 동료 집단이라고 여기는 공동체에서 훨씬 크게 작동한다고 한다. 이런 논의들에서 알 수 있듯이 평등과 정의는 성장의 폐해를 줄일 수 있는 핵심 열쇠 가운데 하나라고 할 수 있다.

무한 성장의 신화는 오랫동안 불평등 체제의 밑바닥에서 신음하는 빈곤층에게 미래에 대한 희망을 포기하지 않게 해주는 구실을 해왔다. 그럴듯한 사기였다. 헛된 희망 고문에 지나지 않았다. 이제 우리는 새롭게 깨닫고 있다. 성장 없이도 더 나은 미래를 열어갈 수 있다는 것을. 아니, 경제성장의 굴레를 벗어던져야 더 나은 미래를 기약할 수 있다는 것을.

사람이 먼저, 자본은 나중

또 하나 명심해야 할 것은 불평등이나 가난은 경제문제가 아니라 정치문제라는 점이다. 불평등과 가난을 경제의 울타리 안에서만 설명하고 해결하려는 것은, 이것을 초래한 잘못된 사회

경제 구조를 통해 이득을 챙기는 세력에게 속아 넘어가는 것과 다르지 않다. 경제성장으로 만들어진 부를 어떻게 분배하고 운용할지를 결정하는 것은 정치의 몫이다. 자본의 탐욕, 기업의 횡포, 시장의 왜곡 등을 규제하고 바로잡는 것 또한 정치의 몫이다. 더 근본적으로는 성장을 얼마나 할지, 어떤 성장을 어떻게 이룰지를 결정하는 것이야말로 정치가 해야 할 아주 중요한 일이다.

그렇다. 경제와 관련한 결정은 경제적인 결정인 동시에, 아니 그 이전에, 정치적이고 사회적인 결정이다. 좋은 정치가 좋은 경제를 만든다. 경제활동이 이루어지는 대표적인 두 영역인 기업과 시장은 모두 사회에 속한 것이다. 사회가 먼저이고 기업과 시장이 나중이다. 인간이 앞이고 자본이 뒤이다. 이것이 경제가 정치나 민주주의와 맺어야 할 올바른 관계다.

신자유주의의 선봉장 노릇을 하면서 노조 파괴에 앞장섰던 전 영국 총리 마거릿 대처는 "사회 같은 건 없다. 개인과 가족이 있을 뿐이다"라는 헛소리를 늘어놓았다. 자본주의 성장 체제는 이런 식으로 인간과 사회를 찢어놓는다. 평등과 민주주의, 이를 위한 좋은 정치라는 대의를 정면으로 거스른다. 요컨대 이 체제가 추구하는 무한 성장은 가난이나 불평등 같은 문제들의 해결책이기는커녕 외려 문제의 원천이다. 우리 사회는 유독 경제성장의 신화와 소비주의 문화에 깊이 사로잡혀 있는 것으로 악명이 높다. 우리 삶과 공동체가 평화롭지 않고 명랑하지 못한 근본 원인이 여기에 있다고 하면 지나친 말일까?

4장

개인보다 구조가 먼저다

재활용의 함정

지난 2017년 5월, 한화투자증권에서 국내 폐기물 처리 산업의 현황과 전망을 분석하는 보고서를 낸 적이 있다. 제목이 흥미로웠다. '님의 버림은 나의 행복'. 이 표현은 쓰레기가 많이 발생할수록 큰돈을 벌고 있는 폐기물 처리 업체들의 이해관계를 반영한다. 최근 우리나라에서는 해외 펀드는 물론 국내 사모 펀드들까지 나서며 막대한 자본을 동원해 폐기물 처리 업체를 사고파는 일이 자주 벌어지고 있다. 폐기물 처리 사업이 '황금알을 낳는 거위'라는 비유가 등장할 정도로 큰 수익을 안겨주기 때문이다. 이윤 추구가 목적인 사기업들에 쓰레기 처리를 맡겨놓은 탓에 발생하는 문제다.

보고서를 작성한 한화투자증권 리서치 센터는 지역별 군소업체 중심의 폐기물 처리 산업이 앞으로는 전국적 네트워크를 갖춘 대형업체 위주로 재편될 가능성에 주목하면서, 향후 몸집을 키워 기업가치가 높아질 것으로 예상되는 업체들에 투자할 것을 권고했다. 앞에서도 보았듯이 쓰레기 더미 위에서 번영을 구가하는 자본주의 성장 체제의 또 다른 얼굴은 '쓰레기 권하는 사회'다.

최근 '그린워싱(greenwashing)'이라는 말이 자주 쓰인다. '녹색 세탁', '위장 환경주의' 등으로 풀이함 직한 이 말은 실제로는 친환경적이지 않으면서 마치 친환경적인 것처럼 홍보하거나 속이는 걸 의미한다. 기업들이 이 수법을 자주 쓴다. 쓰레기 재활용도 여기서 자유롭지 않다. 재활용은 매립이나 소각보다 친환경적이고 현명한 쓰레기 처리 방식으로 여겨진다. 당연히 맞는 얘기다. 재활용이 자원과 에너지 낭비를 줄이고 순환 경제를 촉진한다는 점에서다. 그렇지만 재활용을 덮어놓고 긍정적으로만 바라봐도 될까?

먼저 짚어볼 것은 재활용은 실제로는 달라진 게 없는데 우리가 뭔가 '좋은 일'을 하고 있다는 착각을 불러일으킨다는 점이다. 쓰레기를 많이 버려도 재활용하기만 하면 환경적 실천을 한 것으로 여겨지곤 한다. 그렇지만 재활용은 기존 생산 과정이나 방식에 별다른 타격을 입히지 못한다. 따지고 보면 재활용은 뭔가를 또다시 만드는 것이다. 생산은 줄어들지 않고 그대로 이어진다. 신랄하게 비꼬자면 끊임없는 생산을 보장하는 기술적 해법이 재활용의 본질 가운데 하나라고 할 수도 있다. 당연히 소비 또한 줄어들지 않는다. 이처럼 재활용은 환경문제의 근본 원인인 생산과 소비에 본질적인 변화는 일으키지 않으면서도 마치 환경적 책임을 다하는 것처럼 여기게 만든다.

이는 우리가 일상생활에서도 종종 겪는 일이다. 재활용할 수 있는 쓰레기들을 종류별로 분류해서 일단 분리수거함에 넣고 나면 트럭이 와서 깔끔하게 실어간다. 산더미처럼 쌓여 있던 쓰레기가 순식간에 사라진다. 그것으로 끝이다. 그 쓰레기들이 어디로 가서 어떻게 처리되는지를 생각하기에는 일상이 너무 바쁘다. 이렇게 해서 재활용은 맘껏 생산하고 소비하고 버려도 된다는 생각을 알게 모르게 심는다. 그 결과 재활용은 애초 의도가 뭐였든 대량생산과 대량소비를 정당화해 주는 수단으로 이용될 수 있다.

재활용은 기업에 잘못된 신호를 보낼 수도 있다. 기업이 스스로를 지구 환경을 책임 있게 돌보는 주체라고 여기는 근거를 마련해 줄 수 있어서다. 기업 입장에서 재활용 제품을 만들거나 재활용 기술을 사용하는 것은 자기들이 친환경 기업이라고 선전하기에 안성맞춤이다. 물론 기업이 자원과 에너지를 절약한다거나, 친환경 기술을 적용한다거나, 재활용을 열심히 하는 것 등은 그 자체로 좋은 일이다. 하지만 기업의 이런 활동이 대량생산-(대량유통)-대량소비-대량폐기 시스템을 제대로 건드리지는 못한다. 오히려 결과적으로는 이 시스템을 교묘하게 합리화하고 심지어는 더욱 부추기거나 제도화할 수도 있다. 본래 의도는 그게 아니더라도 말이다. 역설적 딜레마다. 한편으로 재활용은 그 과정에서 물자가 낭비되거나 낮고 거친 수준으로만 재활용될 때도 적지 않다. 재활용으로 뭔가를 새로 만드는 데 들어가는 자원과 에너지도 만만치 않다. 세척을 비롯해 여러 공정을 거치면서 만만찮은 환경오염을 일으키기도 한다.

이처럼 재활용에는 함정이 있다. 이 이야기는 구조적이고 근본적인 변화가 따르지 않는 기술적 해결책이 어떤 한계를 안고 있는지를 일깨워 준다. 재활용이 의미 없다는 얘기가 아니다. 재활용에 앞서 쓰레기 자체를 줄이는 것이 더 중요하다는 뜻이다. 한데 각 개인의 실천만으로는 이 일을 해내는 데 한계가 뚜렷하다. 중요한 것은 쓰레기를 많이 만들어냄으로써 유지되고 번창하는 구조와 체제를 바꾸는 일이다.

경제적·기술적 접근의 한계

환경문제 해결을 위해 자본주의 성장 체제가 자신만만하게 내놓는 방도의 선두주자는 경제적, 기술적 접근법이다. 돈과 기술, 자본주의의 가장 강력한 무기인 이 두 가지로 생태 위기를 극복할 수 있을까? 몇 가지 사례를 들여다보자.

온실가스 배출권 거래제는 기후위기 대책 중에서 대표적인 경제적 수단으로 꼽힌다. 말 그대로 온실가스 배출권을 사고팔 수 있도록 한 제도를 말한다. 온실가스 배출 허용 총량, 곧 할당량을 초과해서 온실가스를 배출한 기업은 초과한 양만큼의 배출권을 배출권 거래 시장에서 살 수 있다. 반대로 할당량보다 온실가스 배출량이 적은 기업은 남은 배출권을 거래 시장에서 팔수 있다. 그러므로 온실가스를 많이 배출한 기업은 배출권을 그만큼 많이 사면 된다. 돈만 주면 배출량 감축 의무나 책임에서 벗어날 수 있는 셈이다. 이것이 근본적인 문제다.

게다가 온실가스 배출권 시장 동향에 따라 배출권 가격은 오르기도 하고 내리기도 한다. 만약 가격이 하락하면 기업들은 온실가스 배출량을 줄이려고 큰 비용이 드는 일을 벌이기보다 그냥 배출권을 사들이는 것으로 자기 할 일을 때우기 쉽다. 우리나라를 비롯해 수많은 나라의 정부가 기업의 이해관계를 대변하는 데 급급하다는 것도 문제다. 그래서 예컨대 할당량 자체를 높게 책정하거나 상당량의 배출권을 기업에 무상으로 나눠주는 일이 벌어지곤 한다. 배출권 거래 시장을 일컬어 기업들의 '새로운 놀이터'라고 비판하는 목소리가 높아지는 이유다.

배출권 거래제는 지구의 대기를 시장에서 사고파는 '상품'으로 바꾸는 짓이다. 이 지구상에 거주하는 모두의 것으로서 가장 필수적인 공공재라 할 수 있는 지구 대기를 사적인 이익 추구가 본질인 시장의 논리로 다루겠다? 이는 그 자체로서 자가당착이다. 비용만 지불하면 지구 대기를 얼마든지 망가뜨려도 된다는 '면죄부'라고 해도 지나친 말이 아니다.

기술적인 해결책은 어떨까? 오랫동안 과학자들은 기후위기의 해법으로 지구 온도를 낮추고 대기 중 온실가스를 줄일 수 있는 기술적 방안을 궁리해 왔다. 그중에서도 도드라지는 것은 지구의 기후 시스템에 대한 거대한 기술공학적 개입이다. 흔히 '지구공학'이라 불린다. 여기에는 크게 두 가지 방법이 있다. 하나는 지구로 오는 태양 빛을 막거나 반사해 지구 온도를 낮추는 것이다. 다른 하나는 자연의 이산화탄소 흡수 작용을 인공적으로 활발하게 만들거나 별도의 기술적 장치를 이용해 이산화탄소를 없애는 것이다. 첨단 공학 기술과 막대한 자본을 동원해 지구 생태계와 기후의 특성을 대규모로 조작한다는 게 공통점이다.

예를 들어 햇빛을 반사하는 대표적인 방법으로는 비행기 등을 이용해 대기 중 일정 공간에 이산화황 등을 대량으로 살포하는 아이디어를 꼽을 수 있다. 그러면 이산화황이 에어로졸(지구 대기 중을 떠도는 미세한 고체 입자 또는 액체 방울)로 변해 지구로 내리쬐는 햇빛을 반사함으로써 지구 온도를 낮추는 데 효과가 있으리라는 것이다. 이 방안은 대규모 화산 폭발에서 힌트를 얻었다. 1991년 필리핀 피나투보 화산에서 대규모 폭발이 일어났는데, 그다음 해에 북반구 평균 기온이 0.5~0.6도 정도 내려간 적이 있다. 폭발 때 뿜어져 나온 막대한 양의 이산화황 입자가 지구로 내리쬐는 햇빛 일부를 막아줬기 때문이다.

바다 위의 구름을 조작하는 방안도 있다. 바닷물을 뿜어내는 배를 띄워 바람의 힘을 이용해 수분을 하늘로 더 많이 공급하면 구름의 양이 늘어나 햇빛을 막게 될 거라는 아이디어다. 대기 중 이산화탄소를 없애는 방안 가운데 대표적인 건 바다의 식물성 플랑크톤이 성장하는 데 필요한 영양물질을 바다에 대량으로 뿌리자는 아이디어다. 이렇게 하면 바다 표면 가까이에서 광합성을 하는 플랑크톤이 빠르게 증식하면서 공기 중 이산화탄소를 대량으로 흡수하리라는 것이다.

이런 시도들은 얼마나 성공할 수 있을까? 국지적이고 일시적으로는 어느 정도 효험을 볼 수 있을지 모른다. 하지만 커다란 문제가 있다. 지구는 실험실이 아니다. 복잡하고 정교한 관계의 연결망 속에서 수많은 변수가 작용하는 지구 기후와 생태계를 대상으로 인위적인 거대 실험을 하는 것은 근본적으로 위험하고 무모한 짓이다. 예측하지 못한 환경적 피해나 돌발 사태가 얼마든지 일어날 수 있다. 이를테면 플랑크톤 대량 번식은 바닷물 산성화나 바다 생태계 붕괴로 이어질 수 있다. 이산화황 대량 살포는 지구 생명체를 자외선으로부터 지켜주는 오존층을 파괴할 수 있다. 식물의 광합성 작용을 방해하여 식량 생산에도 큰 차질이 빚어질 수 있다. 강우 패턴을 비롯한 지구의 기후질서에 중대한 교란을 일으킬 수 있다는 지적도 나온다.

이처럼 거대 지구공학 기술은 기후위기의 해결책이라기보다는 또 다른 재앙을 낳을 가능성이 크다. 이런 기술들이 '금지된 장난'이라 불리기도 하는 건 이런 이유에서다. 하지만 지구공학이 안고 있는 더 근원적인 모순은 문제를 일으킨 원인으로 그 문제를 해결하려는 발상 그 자체에 있다. 인간의 능력과 의지로 지구를 마음대로 조작하고 제어할 수 있다는 그 고질적인 망상 말이다.

전기 자동차와 수소에너지 뜯어보기

기후위기 시대를 맞아 전기 자동차가 친환경 차량으로 요즘 큰 인기를 끌고 있다. 전기 자동차는 석유를 태워서 움직이는 기존의 내연기관 차량과는 달리 전기의 힘으로 움직인다. 그래서

적어도 운행 중에는 온실가스를 비롯해 오염 물질이 포함된 배기가스를 배출하지 않는다. 엔진이 없어서 소음도 적고 모터로만 달리므로 진동도 작다. 에너지 효율도 내연기관 자동차보다 두 배 이상 높다고 한다. 내연기관 자동차의 심장인 엔진이 없으므로 부품도 적게 든다. 내연기관 자동차의 30~40% 정도라고 알려져 있다. 종합해 볼 때 전기 자동차 확대가 필요하고 또 유익하다는 것은 대체로 명백해 보인다.

그렇지만 따져볼 대목들이 있다. 먼저 제기되는 문제는 전기 자동차에 쓰이는 전기가 어디서 나오느냐다. 이 전기를 화석연료나 핵발전에 의존한다면 전기 자동차 확산으로 온실가스를 비롯한 오염 물질 배출량을 줄이는 데는 한계가 있을 수밖에 없다. 한편으로, 전기 자동차에 부품이 적게 들어간다 해도 자동차 자체의 생산이 계속 늘어난다면 그만큼 자원과 에너지 소비가 늘어나리라는 건 자명한 이치다.

전기 자동차 배터리를 만드는 데 필요한 원료를 얻는 과정에서 발생하는 문제도 외면하기 어렵다. 리튬이 대표적이다. 세계 리튬 매장량의 절반은 남미 안데스산맥 아래의 아타카마사막 일대에 묻혀 있다고 한다. 칠레, 아르헨티나, 볼리비아 등에 걸쳐 있는 지역이다. 이곳의 짠물호수(염분을 많이 함유한 호수)에서 추출과 증발 방식을 활용해 리튬을 채굴한다. 리튬은 건조한 지역에서 오랜 세월에 걸쳐 지하수에 농축되는데, 짠물호수 지하에서 리튬이 함유된 지하수를 뽑아 올린 다음 수분을 증발시킨 추출물에서 리튬을 얻는다. 문제는 지하수를 대량으로 퍼 올리는 바람에 갈수록 인근 주민들이 겪는 식수와 농업용수 부족이 심해지는 것은 물론, 농지나 습지 등이 건조해지면서 자연 생태계도 크게 훼손되고 있다는 점이다. 이에 최근에는 원주민과 지역사회 존중, 채굴 과정에서 환경기준 강화, 증발 방식이 아닌 다른 채굴 공정 개발, 폐배터리 적극 활용을 통한 리튬 확보 등의 대안을 실천해야 한다는 여론이 커지고 있다. 전기 자동차 배터리의 또 다른 주요 원료인 코발트는 아프리카 콩고에서 세계 전체 생산량의 절반 이상이 나온다. 여기서도 채굴량이 급속히 늘어남에 따라 식수 오염과 농경지 훼손, 현지 노동자들의 열악한 작업환경과 노동조건 등이 문제시되고 있다.

전기 자동차 사용 확대는 중대한 과제이자 거스르기 힘든 대세다. 하지만 자동차 중심의 기존 시스템은 그대로인 채 단순히 전기 자동차만 늘어난다면 기후위기 극복이나 에너지 전환 등 여러 측면에서 그 효과나 의미가 줄어들 수밖에 없다. 개인 자동차 사용을 줄이는 대신 대중교통 이용을 늘리는 것이 중요한 이유다.

실제로 세계를 둘러보면 버스나 지하철 같은 대중교통을 전면적 또는 부분적으로 무료로 이용할 수 있는 도시들이 늘어나고 있다. 프랑스, 룩셈부르크, 에스토니아 등 유럽 여러 나라가 이에 앞장서고 있다. 이런 움직임은 기후위기에 대응하는 차원뿐만 아니라 도시에 새로운 활력을 불어넣고 저소득층에 경제적 도움을 제공하는 차원에서도 높은 평가를 받고 있다. 독일에서는 2022년 6월에서 8월까지 3개월 동안 한 달에 9유로(약 1만 2,000원)만 내면 대중교통을 맘껏 이용할 수 있는 무제한 대중교통 이용권 제도를 시행하기도 했다. 수도 베를린의 평소 대중교통 월간 정액 이용권 가격인 63유로(약 8만 5,000원)에 비하면 파격적으로 싸다. 독일 시민들은 폭발적인 호응을 보냈다.

다음은 수소에너지다. 수소에너지는 새롭게 떠오르는 미래 청정에너지로 불린다. 수소는 태우면 에너지를 만들어 내는데, 그 과정에서 나오는 것은 물뿐이다. 다른 오염 물질은 거의 배출하지 않기에 무공해 에너지원으로 꼽힌다. 수소는 일반 연료로 쓰일 뿐만 아니라 수소 자동차나 연료전지 등에도 쓰인다. 그래서 일부 성급한 이들은 앞으로 기술만 더 개발되면 화석연료와 핵발전 중심의 경제를 뛰어넘어 수소경제 시대가 열릴 것으로 예측하기도 한다.

하지만 여기서도 비슷한 문제가 발생한다. 수소를 어디서 어떻게 얻느냐가 그것이다. 수소는 만드는 방식과 친환경성의 정도에 따라 그레이수소, 블루수소, 그린수소로 나뉜다. 그레이수소는 화석연료를 이용해 생산하고 생산 과정에서 이산화탄소가 발생하는 수소다. 석유화학이나 철강 제조 공정의 부산물로 나오는 부생수소와, 천연가스를 개질해 만드는 추출수소로 구분된다. 1킬로그램의 수소를 생산하는 데 이산화탄소 10킬로그램을 배출하는 것으로 알려져 있다. 블루수소는 그레이수소를 생산하는 과정에서 나오는 이산화탄소를 대기 중으로 내보내지 않고 저장해서 탄소 배출을 줄인 수소를 말한다. 다만 이산화탄소를 완전히 제거하진 못한다. 그린수소란 재생에너지로 만든 전기로 물을 전기분해하여 생산하는 수소를 가리킨다. 그래서 수전해수소라 부르기도 한다. 재생에너지를 사용하는 데나 오염 물질을 전혀 배출하지 않으므로 수소에너지 중에서도 가장 친환경적인 청정에너지라고 할 수 있다.

어떤 수소가 가장 많이 쓰일까? 기술의 한계와 비용 문제 등으로 현재 생산되는 수소 대부분은 그레이수소다. 우리나라의 경우 생산되는 수소의 96%가 그레이수소라고 한다. 지금의 수소에너지는 화석 에너지라고 해도 틀린 말이 아니다. 현재 세계 여러 나라에서 수전해 방식의 수소 생산을 모색하고 있다. 하지만 이 수소가 진짜 '그린' 수소가 되려면 물에서 수소와 산소를 분리하는 데 필요한 에너지를 화석연료나 핵에너지에서 얻지 말아야 한다. 재생에너지 시스템과 고성능 수전해 설비를 동시에 갖춰야 그린수소를 생산할 수 있다. 우리나라는 수전해 설비의 효율이 떨어지고 핵심 소재 기술 수준이 낮은 편이어서 갈 길이 더욱 멀다.

이런 여러 측면을 고려하면 수소에너지를 선뜻 화석연료를 대신할 미래의 대안 에너지로 보기는 어렵다. 과연 기대하는 만큼 경제적 효과를 낳을지 의구심을 드러내는 이들도 적지 않다. 현재 우리나라 정부의 수소 접근법을 살펴보면 수소의 대부분을 가스 등 화석연료에서 얻고, 사용처 계획도 석탄과 가스 발전 부문에 집중돼 있다. 수소 정책이 화석연료 산업의 수명 연장에 악용되고 있다는 혹평까지 나오는 이유다.

안락의자 환경주의

기술 발전을 통한 에너지 효율 향상에도 짚어볼 점이 있기는 마찬가지다. '제번스의 역설(Jevons Paradox)'이라는 경제학 이론이 있다. 19세기 영국 경제학자 윌리엄 스탠리 제번스가 당시 영국의 석탄 소비량을 분석해 내놓은 이론이다. 이에 따르면, 석탄 사용의 효율성이 높아지면 석탄 소비가 줄어드는 게 아니라 오히려 늘어나는 역설적인 현상이 나타난다. 이는 다른 에너지와 자원도 매일반이다. 왜 그럴까? 높아진 효율 덕분에 줄어든 비용을 생산을 늘리는 데 사용하는 것이 자본주의의 본성이어서 그렇다. 역설이 아니라 필연인 셈이다. 생산이 늘어나니 결과적으로는 에너지 사용량도 증가한다.

자본주의 경제 시스템에서 기업들이 더 효율적인 기술을 개발하는 이유는 기술 개발 자체가 중요해서가 아니다. 더 많은 성장을 이루고 더 큰 이윤을 얻기 위해서다. 실제로 에너지나 자원 사용의 효율을 높이는 기술의 개발과 혁신이 끊임없이 이루어져 왔지만 에너지와 자원 사용 또한 계속 증가해 왔다는 건 모두가 아는 사실이다. 기술 개발을 생태 위기 해결에서 가장 중요한 전략으로 삼기 어려운 것은 이 때문이다.

물론 경제적, 기술적 대응책들이 현실적으로 필요하고 또 중요하다는 것은 두말할 나위도 없다. 강조하고자 하는 것은 돈이나 기술이 '구세주'가 될 순 없다는 점이다. 앞에서도 말했듯이 이것들은 생태 위기의 뿌리인, 자연을 상품화하고 기술적 처리 대상으로 여기는 자본주의 성장 체제의 논리에서 본질적으로 벗어날 수 없기 때문이다. 구조와 시스템을 바꾸는 것이 중요한 까닭이다. 그 연장선에서 생태 위기의 원인을 인간의 탐욕과 오만, 정부의 정책 실패나 의지 부족, 기업이나 자본가의 도덕적 결함 등 개별적인 것으로 돌리는 일 또한 피상적이고 일면적인 문제의식의 산물이라고 할 수 있다.

돈과 기술의 힘을 맹신하는 이들은 지금의 생태 위기를 그동안 인류가 걸어온 길을 성찰하는 계기로 삼기보다는 오히려 지구를 새롭게 관리하고 제어하는 인간 문명의 능력을 더 키울 호기로 여길지도 모른다. 따져 물을 것은 왜 돈이나 기술 중심의 해결책을 자꾸 내세우느냐다. 그것은 여태껏 길든 물질적 풍요와 편안한 삶은 그것대로 계속 즐기면서 손쉽게 문제를 해결하려는 유혹을 떨쳐버리지 못해서다. 솔직히 이 욕망은 워낙 강력하고 끈질겨서 누구든 쉽사리 내려놓기 어렵다. 생태 위기에 대한 각성이 부쩍 높아졌는데도 좀체 해결의 돌파구를 열지 못하는 밑바닥 이유 가운데 하나가 이것이다.

여기서 언급할 것이 '게으른 환경주의' 혹은 '안락의자 환경주의'다. 자신의 생활 방식 자체를 희생할 마음은 없이 친환경적 소비 행위나 재활용 같은 것으로 손쉽고 편하게 환경문제를 해결하려는 생활 태도를 일컫는 말이다. 사실 시중에는 친환경 제품이니 녹색 상품이니 하는 것들이 무수히 나와 있다. 이런 것들은 물론 필요하다. 하지만 이것이 환경문제에 관심이 있는 소비자들을 자극해 물건을 더 많이 팔아보려는 자본주의의 새로운 이윤 창출 운지인의 일환이리는 건 부인하기 어렵다. 이렇듯 자본주의는 환경을 의식하는 사람들마저도 체제 안으로 포섭하여 수동적인 개별 소비자로 길들인다. 자본주의가 지닌 무섭고도 특출한 능력이다. 오죽하면 미국의 문학평론가이자 철학자인 프레드릭 제임슨이 이런 말을 했겠는가. "자본주의의 종말을 상상하는 것보다 세상의 종말을 상상하는 게 더 쉽다."

'제번스의 역설'이나 '안락의자 환경주의' 이야기는 '녹색'과 자본주의가 얼마나 양립하기 어려운지를 시사한다. '녹색 성장'이 그렇듯 '녹색 자본주의'라는 말은 형용모순에 가깝다고 할 수 있다. 환경문제 대응이나 해결에서 돈과 기술은 때때로 놀라운 위력과 효능을 발휘하곤 하지만, 그렇다고 해서 이 사실이 바뀌진 않는다.

위기의 주범은?

이런 경우를 가정해 보자. 서울에 사는 가족 4명이 부산 여행을 준비하고 있다. 고속철도인 KTX 편도 요금은 2024년 2월 기준 5만 9,800원이다. 왕복 요금은 한 명당 11만 9,600원이 든다. 모두 4명이니 다 합치면 48만 원에 가깝다. 만약 자동차를 이용한다면 교통비가 얼마나 들까? 자동차의 종류나 주행 경로 등에 따라 차이는 나겠지만 얼추 20만~25만 원 정도면 된다. 이런 상황에서 기꺼이 기차를 타려고 하는 사람이 얼마나 될까? 자동차의 온실가스 배출량은 기차보다 6배나 많다고 한다. 자동차 이용을 줄이는 것이 좋다는 건 누구나 안다. 그렇지만 비용을 두 배씩이나 지출하면서 자동차를 포기하고 기차를 선택하는 건 쉬운 일이 아니다. 착한 일, 좋은 일을 한다는 건 생각처럼 간단치 않다.

기후위기를 일으키는 에너지 낭비가 어디서 가장 크게 발생하는지도 이런 맥락에서 살펴볼 수 있다. 실제로 우리나라에서 에너지를 낭비하는 주범은 개인이나 가정이 아니라 기업이다. 한국전력공사 자료에 따르면 2021년 기준으로 우리나라의 분야별 전력 소비량에서 산업용 비중이 55%나 된다. 가정용은 15%에 지나지 않는다. 일반용이 22%이고, 나머지가 기타 항목의 소비량이다. 일반용은 서비스업, 공공 및 행정 업무용을 가리키고, 기타에는 교육용, 농사용, 가로등 등이 포함된다. 산업용과 일반용을 합친 상공업용이 전체의 77%나 차지하는 것이다.

왜 산업 분야에서 이렇게 에너지를 많이 쓸까? 가장 큰 이유는 산업구조 자체가 에너지를 많이 사용하는 업종 중심으로 짜인 탓이다. 철강, 석유화학, 조선, 반도체 분야 등이 주로 거론된다. 산업용 전기 요금이 가정용을 비롯한 다른 분야의 전기 요금보다 싸다는 점도 주요 요인이다. 1970년대부터 경제발전과 수출 촉진 등을 위해 산업용 전기를 원가보다 싸게 공급해 온 흐름이 여태껏 이어지고 있다.

우리나라의 1인당 전력 소비량 자체가 상당히 많은 건 사실이다. 국제에너지기구(IEA) 자료에 따르면 2019년 기준으로 경제협력개발기구(OECD) 38개 회원국 가운데 8위였다. OECD 평균보다 1.4배 많고, 세계 평균과 비교하면 3배를 훌쩍 넘는다. 일본, 독일, 프랑스, 영국보다 많다. 하지만 여기에는 '통계의 함정'이 있다. 이는 산업용과 가정용을 모두 합쳐서 계산한 결과다. 가정용 1인당 전력 소비량만 따로 떼어서 보면 25위로 뚝 떨어진다. OECD 평균의 59% 성도이고, 미국의 30%, 일본의 65% 수준이다. 이런 일이 벌어지는 이유는, 보았듯이 산업용 전력 소비량이 가정용에 견주어 훨씬 많기 때문이다.

어떤 이들은 마치 일반 가정이나 개인들이 전기를 너무 많이 쓰는 탓에 전력 부족 사태가 일어날 것처럼 얘기하곤 한다. 사실이 아니다. 이런 주장은 에너지 문제의 책임을 개인에게 떠넘기는 결과를 낳는다. 에너지를 많이 쓰게끔 틀이 짜인 경제 시스템과 산업구조, 기업의 활동 방식 등을 뜯어고치지 않고서는 전력 소비를 줄이기 어렵다. 다시, 문제의 뿌리는 자본주의 성장 체제인 것이다.

한마디 덧붙이자면, 사실 세계적으로 볼 때 우리나라 전기 요금은 싼 편이다. 산업용 전기가 특히 그렇지만 가정용 요금도 별반 다르지 않다. 2020년 기준으로 OECD 회원국 가운데 네 번째로 싸다. 게다가 우리보다 싼 멕시코, 노르웨이, 터키 등은 산유국이거나 재생에너지 비중이 높은 나라들이다. 그렇다 보니 다수의 일반인도 전기를 아껴 쓸 필요성을 절실히 느끼지 못한다. 다른 나라의 전기 요금이 우리보다 비싼 주된 이유는 다양한 명목의 부과금이 전기 요금에 합산되는 탓이다. 이 부과금은 주로 기후위기 대응 등에 사용된다. 지구를 살리기 위해 비싼 전기 요금을 감내하는 것이다. 물론 저소득층의 경제적 부담 증가를 비롯해 여러 사항을 신중히 고려해야 한다. 하지만 우리도 큰 틀에서는 이런 방향으로 가야 한다. 이것이 에너지 위기, 기후위기 시대의 흐름이다.

쓰레기는 어떨까? 2021년 기준으로 우리나라에서 발생하는 전체 폐기물 가운데 주로 가정에서 배출하는 생활 폐기물이 차지하는 비중은 무게 기준으로 8.5%에 그친다. 무려 86%를 차지하는 건 사업장 폐기물과 건설 폐기물이다. 일반 시민들이 일상 생활에서 버리는 것보다 공장이나 건설 현장 등에서 발생하는 폐기물이 압도적으로 많다는 얘기다. 이는 쓰레기 문제에서도 개인 책임보다는 기업 책임이 훨씬 더 크고, 결국 성장과 개발 중심의 경제구조를 바꾸지 않고서는 쓰레기 문제를 해결할 수 없다는 사실을 방증한다.

온실가스도 그러하다. 개인의 책임만 지나치게 따지면 문제의 본질과 초점이 흐려지는 결과를 피할 수 없다. 기후위기 전문 인터넷 매체 〈뉴스펭귄〉은 2023년 2월, 국토환경연구원, 기후변화행동연구소, 한국지속가능발전학회와 함께 2018~2021년 국내 기업들의 온실가스 배출량을 분석한 결과를 보도했다. 이에 따르면 분석 대상 1,075개 기업 가운데 6.8%에 불과한 73개 대기업이 내뿜는 온실가스가 우리나라 전체 온실가스 배출량의 75%를 차지하는 것으로 나타났다. 이것이 뜻하는 바가 무엇이겠는가?

빈곤이나 불평등 문제를 기후위기 문제와 분리하는 건 더 경계해야 할 일이다. 두말할 필요도 없이 기후위기의 주범은 온실가스를 펑펑 내뿜으며 경제성장을 이루고 풍요를 구가하는 선진 산업국들과 부유층들이다. 이런 터에 구조적인 원인과 잘잘못의 경중은 따지지 않은 채 기후위기는 인류 전체의 공동 책임이라고 추상적으로 뭉뚱그리거나 그저 개인들에게만 온실가스 배출을 줄이라고 윽박지르면 어떻게 되겠는가? 이는 그 자체로서 잘못일뿐더러 가난한 이들의 인간답게 살 권리를 훼손하는 결과를 낳을 가능성이 크다.

경제 시스템과 사회구조의 변혁 없이 생태 위기 극복을 기대하기는 어렵다. 누구나 구조화된 시스템 속에서 살아간다. 그 시스템은 각각의 개인을 강력하게 지배하고 속속들이 규율한다. 그 방식이 직접적이든 간접적이든, 그 사실을 의식하든 못 하든 상관없이 말이다. 개인은 이런 시스템을 어찌할 수 없다. 문제의 근본 원인은 시스템에 있는데 개인이 어찌할 수 없는 시스템을 놔두고서 개인만 닦달한다고 문제 해결이 제대로 되겠는가?

일반 시민들이 화석 에너지를 너무 많이 쓴다고 탓하는 건 쉬운 일이다. 아주 틀린 말도 아니다. 그렇지만 화석 에너지의 토대 위에서 굴러가는 시스템과 이에 필요한 각종 인프라를 건설해 그 속에 사람들을 가둬놓은 뒤 끊임없이 소비를 조장하며 없던 욕망과 기호마저 뚝딱뚝딱 잘도 만들어내는 지금의 자본주의 현실을 가벼이 여겨선 안 될 일이다.

당연한 얘기지만, 그렇다고 해서 개인들의 일상적 실천과 생활양식 변화가 중요하지 않다는 건 전혀 아니다. 개인적 실천은 효과가 크든 작든 각 개인이 자신의 도덕적 책임을 다하는 것이라고 할 수 있다. 이는 그 자체로서 중대한 의미를 지닌다. 우리는 모두 이 세상에 속한 자로서 지금 세상이 처한 현실에 어떤

식으로든 자기 몫의 책임을 나누어서 지고 있다. 한편으로 사람들은 어떤 행동을 할 때 다른 사람들이나 주변의 영향을 크게 받기 마련이다. 행동하는 개인이 많아질수록 이것이 불러일으키는 변화의 힘은 연쇄적으로 커지게 돼 있다. 개인의 행동이 중요한 또 하나의 이유다. 구조의 변화를 중시하는 것이 이런 개인적 실천을 경시하거나 게을리하는 것을 합리화하는 핑계로 활용돼선 안 된다.

사실 따지고 보면 본디 제대로 된 구조의 변화는 삶의 변화와 결합될 수밖에 없다. 어떤 변화라도 그것이 궁극적인 의미를 확보하고 온전한 효과를 내려면 시작도 마무리도 사람과 삶이어야 한다. 참된 변혁은 삶의 의지로 추동되고, 삶의 힘에 따라 진행되고, 삶의 진실로 완결된다. 무엇보다 구조를 바꾸는 것도 결국은 사람이 하는 일이다. 개인의 변화와 구조의 변화는 하나의 길에서 만날 수밖에 없으며 또 만나야 한다.

이런 얘기들을 전제하되 구조의 문제를 새삼 강조하는 것은 지금 우리가 마주하고 있는 위기 상황이 단지 위기 악화의 속도를 조금 줄이거나 그 기세를 약간 누그러뜨리는 정도에서 그쳐도 될 만큼 한가하지 않아서다. 또 그렇게 해서는 위기 극복이 끝없이 미뤄질 수밖에 없어서다. 개인적 선의나 선행의 양적인 총합만으로는 문제 해결에 커다란 한계가 있을 수밖에 없다. 늘

경험하듯이 문제 해결을 위한 책임이나 의무를 개인의 몫으로 돌리는 것은 기득권을 지키려는 자들의 상습적인 술책이기도 하다.

자본주의는 교활하다. 그 틈을 놓치지 않는다. 참사, 재앙, 전쟁, 그리고 이런 것들에서 비롯하는 대중의 공포와 불안 등을 도리어 새로운 돈벌이 기회로 활용하는 '재난 자본주의(disaster capitalism)'라는 말이 괜히 나왔겠는가. 인식과 실천 모두에서 사태의 구조적 본질에 대한 통찰이 중심을 잡지 못하면 우리는 언제든 재난을 먹고 자라는 자본주의의 '먹잇감'이 될 수 있다. 기후재난을 비롯한 생태 위기도 마찬가지다. 돈과 기술 중심의 위기 접근법들은 종종 자본주의의 새로운 이윤 창출 수단으로 활용되곤 한다. 그러다 보면 문제의 근본 원인은 건드리지 못한 채 결국에는 기존 구조에 어영부영 순치되거나 안주하게 될 가능성이 커진다. 자본주의가 노리는 바다. 돈과 기술은 본디 자본주의의 젖줄이자 총아이기에 그 위험은 더욱 경계할 필요가 있다.

5장

대안은 탈성장이다

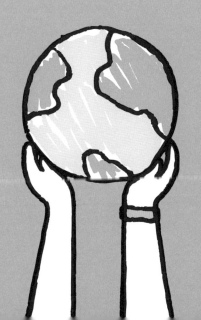

나중에 온 이 사람에게도

　신약성서 마태복음 20장을 보면 포도밭 주인과 일꾼 이야기가 나온다. 어느 날 포도밭 주인이 일꾼을 구하러 아침 일찍부터 집을 나선다. 하루 품삯으로 은화 한 닢을 주기로 하고 일꾼들을 데려온다. 주인은 오후 늦게까지 여러 번이나 장터 같은 데를 나가서 일꾼들을 불러 모아 포도밭으로 들여보낸다. 이윽고 해가 저문다. 품삯을 줘야 할 시간이다. 그런데 주인은 모든 일꾼에게 똑같이 은화 한 닢씩 나눠준다. 이에 아침 일찍부터 온 일꾼들이 주인에게 항의한다. 나중에 늦게 온 자들은 한 시간만 일했고 자기들은 아침부터 온종일 일했는데 어찌하여 저들에게도 똑같은 품삯을 주느냐는 것. 듣고 있던 포도밭 주인은 이렇게 대답한다. "나는 잘못한 것이 없소. 나중에 온 이 사람에게도 당신과 똑같이 주는 것이 내 뜻이오."

　지금의 상식이나 주류 경제학의 기준으로는 이해하기 어려운 상황이다. 일을 더 많이 한 사람이 돈을 더 많이 받는 세 당연

123

해서다. 여기서 눈 밝은 신학자들은 색다른 해석을 내놓는다. 얘기인즉슨 이렇다. 현대 자본주의 시스템이 돌아가는 원리와 이 이야기의 무대인 고대사회 시스템이 돌아가는 원리는 서로 다르다. 옛날 농경사회는 무한 성장을 추구하는 자본주의 산업사회와는 달리 한정된 재화를 바탕으로 운영되었다. 이런 곳에서 사람들이 평화롭게 어울리며 살려면, 다시 말해 공동체를 유지하려면 어떻게 해야 할까? 더 많이 가진 사람이 양보하지 않으면 안 된다. 사회 전체가 가난이나 불편을 삶의 불가피한 조건으로 받아들이면서 약자를 보듬어 안지 않으면 '함께하는 삶'이나 공동체의 존속은 이루어질 수 없다. 그러므로 아침 일찍부터 일한 사람에게 더 많은 품삯을 주지 않았다고 비난하는 것은 자본주의 산업사회의 전제 조건인 끝없는 경제성장의 관점에서나 어울리는 얘기다.

실제로 이 이야기의 중간쯤에는 포도밭 주인이 '나중에 온 이 사람들'에게 "당신들은 왜 온종일 이렇게 하는 일 없이 빈둥거리고 있소?"라고 묻는 대목이 나온다. 이들은 이렇게 대답한다. "아무도 우리에게 일을 시켜주지 않아서 이러고 있습니다." 포도밭 주인이 이들을 불러들인 것은 이들에게 일할 기회를 제공하기 위해서였다. 그러므로 나중에 온 이들은 말하자면 실업으로 내몰린 노동자들, 곧 사회경제적 약자들을 가리켰던 셈이다. 마지막 남은 일자리라도 붙잡으려고 해 질 녘까지 인력시장을 떠나지 못하는 노동자들, 냉혹한 경쟁에서 뒤처진 사람들, 차별과 배제로 고통받는 사람들, 곧 불안하고 힘든 처지에 놓인 모든 사람이 '나중에 온 이 사람들'이다.

19세기에 활동했던 영국의 비평가이자 사회사상가인 존 러스킨이 이 이야기에서 영감을 얻어 쓴 책의 제목이 바로 '나중에 온 이 사람에게도(Unto This Last)'다. 러스킨은 이 책에서 "사람이 추구해야 할 것은 더 많은 부가 아니라 더 소박한 즐거움이고, 더 큰 행운이 아니라 더 깊은 행복이다"라고 주장했다. 성경에 나오는 이 짤막한 이야기는 경제에 관한 현대인들의 고정관념과 통념을 깨뜨릴 실마리를 귀띔해 준다. 나아가 경제를 둘러싼 발상의 전환에 필요한 새로운 상상력의 마중물을 제공한다.

새로운 나침반, 탈성장

먼저 필요한 것은 경제를 보는 관점 자체의 전환이다. 요점은 인간이 만든 경제 시스템은 자연 생태계 안에 하위 체계 혹은 부분집합으로 속해 있다는 것이다. 경제 시스템이 작동하는 과정이란 다른 게 아니다. 자연 생태계에서 인간이 만든 경제 시스템으로 자원과 에너지가 유입되어 생산이나 소비 같은 인간의 다양한 경제활동에 사용되고, 그 뒤에는 폐기물 형태로 다시 자연 생태계로 배출되는 과정의 연쇄다. 이 메커니즘을 연결 고리로 해서 인간의 경제는 자연 생태계 안으로 포섭된다. 즉, 인간 경제에서 이루어지는 순환의 물질 흐름은 자연 생태계의 순환이라는 더 큰 흐름 속에 포함돼 있다. 이렇듯 인간의 경제는 자연이라는 원천과 지구라는 토대 위에서만 존립할 수 있다. 성장주의 경제의 가장 큰 맹점은 이 엄연한 사실을 모르거나 얕잡아본다는 데 있다. 현대 주류 경제학이 지구의 물질적 한계를 무시하고 생태계가 경제에서 담당하는 중대한 역할을 제대로 고려하지 않는 근본 이유가 여기에 있다.

경제학(economics)이라는 말은 그리스어 '오이코스(oikos)'와 '노모스(nomos)'가 합쳐져서 만들어졌다. 오이코스는 집이나 가정, 곧 사는 곳을 뜻한다. 노모스는 관리, 규율, 법칙 등을 가리킨다. 곧 '살림살이의 관리'가 경제의 본래 의미다. 기후위기를 겪으면서 이제 우리는 지구 전체의 살림살이를 어떻게 꾸려갈 것인가 하는 긴박한 과제를 마주하고 있다. 오랫동안 무시되거나 왜곡돼 왔던 경제의 참뜻을 되살려야 할 때인 것이다. 생태학은 영어로 'ecology'다. 이 또한 'economics'와 마찬가지로 오이코스라는 말에서 유래했다. 경제학과 생태학의 어원이 같다는 건 우연이 아니다. 지금의 지구적 위기는 자연과 경제의 연결, 생태학과 경제학의 통합을 절실히 요구하고 있다.

사실은 이런 전환이 비용 차원에서도 남는 장사가 될 가능성이 크다. 이를 보여주는 대표적인 연구 결과는 2006년에 발표돼 세계적으로 큰 화제를 모은 '스턴 보고서(Stern Review on The Economics of Climate Change)'다. 이 보고서에는 세계은행 부총재로 일했던 영국 경제학자 니컬러스 스턴이 경제적 관점에서 기후위기를 분석한 결과가 담겼다. 여기서 그는, 기후위기를 막는 데 드는 비용이 지금은 매년 전 세계 GDP(국내총생산)의 1%에 불과하지만, 이를 방치한다면 그 비용이 매년 전 세계 GDP의 5~20%로 늘어나 심각한 경제공황에 직면할 것이라고 경고했다. 그러면서 저탄소 시대로 진입하면 해마다 2조 5,000억 달러의 이득이 창출될 것이라고 내다봤다.

그는 보고서를 발표한 지 몇 년이 지난 뒤 언론 인터뷰에서 2006년 당시 기후변화의 위험을 너무 낮게 평가했다고 털어놓기도 했다. 동시에 기후위기 대응에 필요한 세계 GDP의 1%는 지구적 재앙에 비하면 아주 적은 돈에 지나지 않는다고 다시금 강조했다. 스턴은 영국 재무부의 고위 관료를 지내기도 한 주류 제도권 경제학자다. 이런 사람마저도 기후위기에 대한 비상한 대응이 얼마나 절실한지를 일찍부터 인식하고 있었던 것이다.

하지만 정작 중요한 일은 단순히 돈을 쏟아붓는 게 아니다. 자본주의 성장 체제를 넘어 경제 자체의 일대 전환을 이루고 새로운 대안 경제로 나아가야 한다. 한데 이 길을 올바로 가려면 나침반이 필요하다. 수많은 사람이 수많은 나침반을 내놓으면서 이것이 대안이라고 주장한다. 논쟁도 뜨겁다. 그중에서 다양한 아이디어를 아우를 만한 것으로 '탈성장(degrowth)'을 제시할 수 있다. 단도직입으로 말하면 성장에 대한 강박, 중독, 집착 따위에서 벗어나 성장 속도를 늦추고 적정 규모의 경제로 새로운 개념의 번영을 창조하자는 얘기다.

탈성장 연구자인 제이슨 히켈은 《적을수록 풍요롭다》에서 탈성장을 이렇게 규정했다. "에너지와 자원의 과도한 사용을 계획적으로 줄임으로써 경제가 안전하고 정의로우며 공정한 방식으로 생명 세계와 균형을 이루게 하는 것." 아울러 이 과정에서 빈곤을 끝내고 인간 행복을 높이며 모든 사람의 삶을 꽃피울 수 있도록 하는 것이 탈성장의 핵심 원리라고 강조했다. 두 가지 열쇳말은 '지속가능성'과 '정의'다. 전자의 골간은 자연의 한계 안에서 경제를 운용하는 것이다. 이는 생태적 차원이다. 후자의 뼈대는 부의 평등하고도 공정한 분배다. 이는 사회적 차원이다. 이로써 탈성장이 이루고자 하는 것은 경제의 풍요가 아닌 인간 삶의 풍요다.

탈성장은 실현 가능성과는 거리가 먼 낭만적 환상 혹은 관념적 이상이 아닐까? 많은 이의 머릿속에 맴돌법한 의문이다. 실제로 탈성장 이야기를 둘러싼 질문과 비판은 다양하다. 다음의 네 가지 정도로 간추릴 수 있다. 이것을 이에 대한 탈성장론의 답변과 함께 살펴보자.

첫째, 탈성장은 가난하게 살자는 얘긴가? 아니다. 탈성장은 빈곤을 반대한다. 빈곤 탓에 인간다운 삶을 누릴 수 없는 개인이나 나라는 경제적으로 더 발전해야 한다. 적절한 수준의 물질적 조건을 갖추는 것은 나쁘기는커녕 옹호해야 할 일이다. 앞서 언급한 E. F. 슈마허는 경제성장의 신화에 누구보다도 열렬하게 맞서 싸운 사람이다. 그렇지만 그는 육신과 영혼을 망가뜨리고 정신마저 황폐하게 만드는 극심한 빈곤은 '비참한 불행'으로서, 이 지상에서 없애야 할 부도덕한 것이라고 강조했다.

그가 주창한 불교 경제학은 단순함과 비폭력의 경제를 추구한다. 여기서 경계하는 것도 부 자체가 아니다. 부에 지나치게 집착하는 것, 부를 과도하게 탐하는 것, 이게 문제다. 물론 전제는 있다. 쉽지는 않겠지만, 가난한 나라나 개인들이 경제발전과 생활수준 향상을 노보할 때 파괴석이고 쏙력석인 기손의 성장

방식을 그대로 답습하지는 말자는 게 그것이다.

둘째, 탈성장은 무조건 GDP를 줄이자는 것인가? 방금 한 이야기가 전해주듯이 이 또한 그렇지 않다. 중요한 것은 경제의 기준과 목적을 바꾸고 우리 삶과 공동체가 추구해야 할 가치의 우선순위를 재구성하는 일이다. 그 결과로서 경제가 성장하느냐 마느냐 하는 것은 탈성장의 궁극적인 관심사가 아니다. 경제는 성장할 수도 있고 그렇지 않을 수도 있다. 탈성장의 '연착륙'을 위해서라도 '적당한' 성장이 일정 기간 필요할 수도 있다. 물론 여기에도 전제는 있다. 장기적이고 종합적인 차원에서 자원과 에너지의 물질 흐름을 줄이는 방향으로 경제를 운용해 나가는 것이 바람직하다는 게 그것이다.

셋째, 탈성장은 도덕적 금욕주의를 강요하면서 인간 능력의 발전을 억누르는 것 아닌가? 이 또한 그렇지 않다는 건 이제 충분히 짐작할 수 있으리라. 말했듯이 탈성장의 진정한 목표는 부와 행복의 개념 자체를 재구성하고 사회와 삶의 원리를 재조직함으로써 새로운 종류의 풍요를 만들어내는 것이다. 이는 인간의 능력을 제한하자는 게 아니다. 외려 그 지평을 창조적으로 확장함으로써 인간이 지닌 잠재력과 가능성을 더 풍성하게 꽃피우자는 것이다.

여태껏 인류가 발휘해 온 능력 가운데 유독 도드라지는 것은 지구를 파손하고 그 결과 자기 자신도 망가뜨리는 능력이었다. 탈성장이 일구고자 하는 새로운 능력은 자연과 사람 모두를 살리는 데 이바지할 것이다. 그럼으로써 더욱 명랑하고 발랄한 삶의 가능성을 북돋우게 될 것이다. 모든 사람이 인간적 존엄과 기품을 누리는 토대 위에서 건강과 안전, 우정과 환대, 돌봄과 협동, 여가와 자연을 즐기는 삶. 탈성장은 이렇게 살자는 제안이자 포부다.

그러므로 탈성장은 근엄한 도덕군자나 무욕의 수도승이 되자는 얘기가 아니다. 반대로 웃음에 관한 이야기다. 욕망 자체를 억누르거나 버리자는 게 아니다. '좋은' 욕망을 토대로 생의 온전함과 충만함으로 빛나는 조화로운 삶을 추구하자는 것이다. 일찍이 생태주의의 선구자들이 추구한 새로운 사회의 특성들도 이런 삶과 깊이 맞닿아 있다. 예컨대 이반 일리치는 단순함과 '공생공락(共生共樂, Conviviality)'과 권력 분산이 이루어지는 사회를, 그리스 출신의 철학자 코르넬리우스 카스토리아디스는 모두가 자기 삶의 결정권자가 되는 사회를, 앙드레 고르스는 임금 노동이라는 자본주의의 노예적 노동에서 벗어나 즐거운 노동이 실현되는 사회를 소망했다. 표현과 강조점은 조금씩 다르다. 하지만 참된 자유인이 누리는 '좋은 삶'이 무엇인지를 제시한다는 점에서 한 줄에 꿸 수 있다.

'사다리 경제'에서 '그물 경제'로

탈성장에 대한 마지막 비판은 탈성장으로 성장이 멈추거나 느려진다면 인류 모두의 복지에 필요한 물질적 부가 모자라지 않겠는가 하는 것이다. 앞서 언급했듯이 탈성장은 부와 자원의 평등한 분배를 중시한다. 원론적으로 볼 때 인류가 지금껏 쌓아 올린 부의 총량은 모든 이가 인간답게 살 수 있는 물질적 조건을 제공하기에 그리 부족함이 없다는 게 탈성장론의 기본 인식이다. 문제의 핵심은 부의 양 자체가 아니라 부가 고르게 분배되지 않는 것, 곧 불평등이다.

일상에서 가장 친숙하고도 필수적인 먹거리와 옷을 예로 들어보자. 세계 곳곳에서는 지금도 굶주림 사태가 계속되고 있다. 식량 자체가 부족해서일까? 아니다. 식량은 이미 인류 전체가 먹고도 한참이나 남을 만큼 생산되고 있다. 문제는 다른 데 있다. 오늘날 전 세계에서 생산되는 곡물 가운데 바이오 연료와 가축 사료로 사용되는 양이 무려 40억 명분에 이른다고 한다. 세계 인구는 2022년에 80억 명을 넘어섰다. 단순하게 말하면 인류의 절반이 먹을 수 있는 식량이 다른 용도로 쓰이고 있는 것이다. 옥수수, 콩, 사탕수수 등으로 만드는 바이오 연료는 주로 자동차 연료로 쓰인다. 자동차 사용을 줄이면 그만큼 사람이 먹을 식량이 늘어난다. 육식을 줄여도 마찬가지 효과를 얻을 수 있다.

버려지는 먹거리도 엄청나다. 세계적으로 채소와 과일과 물고기의 절반이, 곡물의 3분의 1이 사람들의 입으로 들어가지 않고 수확·유통·소비 등 각 단계를 거치면서 버려진다. 이렇게 먹지 않고 폐기되는 먹거리의 10%만 있으면 세계에 만연한 굶주림 문제의 대부분을 해결할 수 있다고 한다.

더 근본적인 문제는 먹거리의 공정하고 평등한 분배를 구조적으로 가로막는 잘못된 세계 먹거리 시스템이다. 세계 먹거리 시스템을 장악한 소수의 다국적 곡물 메이저와 농기업 등이 먹거리의 생산과 유통 구조를 자신들의 이윤 극대화를 위해 심각하게 왜곡하고 있는 게 현실이다. 부족한 것은 식량 자체가 아니라 제대로 먹을 수 있는 권리를 모든 사람에게 보장하는 일이다. 굶주림 문제의 해법은 이 권리를 보장할 '먹거리 정의'를 튼실하게 세우는 데 있다.

옷은 어떨까? 요즘 옷은 패스트 패션이 대세다. 패스트 패션이란 최신 유행이나 소비자 취향을 곧바로 반영해 빨리빨리 만들어 유통하는 옷을 가리킨다. 옷을 소비하는 방식이 이렇다 보니 얼마 입지도 않은 채 그냥 버려지는 옷이 산더미로 쌓인다. 우리나라는 헌 옷 수출량이 세계 5위에 이른다. 전 세계적으로는 해마다 약 1,000억 벌의 옷이 만들어지는데 이 가운데 약 3분의 1이 버려진다. 그 결과 세계적으로 섬유 재료의 12%는 옷을 만드는 과정에서 버려지고, 73%는 옷으로 소비된 뒤 매립과 소각 처리로 사라진다. 천문학적인 낭비다.

먹거리와 옷을 둘러싼 현실이 이러하다. 이런 것들을 끝없이 더 많이 생산하지 않는다고 해서, 나아가 지금보다 조금 덜 생산한다고 해서 우리가 먹고 입는 생활을 꾸려가는 데 별다른 지장이 있을까? 먹거리와 옷뿐이겠는가. 자본주의 성장 체제가 생산하는 것 중에는 불필요한 것, 필요하지만 과잉인 것, 얼마든지 더 쓸 수 있는데 그냥 버려지는 것이 너무 많다. 경제 규모를 줄이고 성장 속도를 늦춰도 사람들의 복지에 미치는 악영향은 거의 없을 수 있다. 하기 나름에 따라선 더 좋아질 수도 있다.

중앙아메리카의 작은 나라 코스타리카가 그런 사례 가운데 하나다. 이 나라의 소득수준은 미국의 5분의 1에 지나지 않는다. 하지만 코스타리카는 행복이나 삶의 질과 관련한 여러 지표에서 미국에 그리 뒤지지 않는다. 사람들이 평균적으로 얼마나 오래 사는지를 나타내는 기대 수명 등은 오히려 미국을 앞선다. 코스타리카는 1940년대 말에 일찌감치 군대를 폐지했다. 전 국토의 4분의 1을 자연보호 구역으로 지정해 엄격히 관리하고 있다. 이 나라의 잘 보전된 원시적 자연을 체험하는 '생태 여행(ecotourism)'도 큰 인기여서 세계 사람들의 발길이 끊이지 않는다. 이렇듯 코스타리카는 평화와 인권을 중시하고 환경보전에 진심을 다하는 나라로 유명하다. 굳이 경제성장과 GDP 수치에 애면글면하지 않아도, 물질 생산을 축소하고 에너지나 자원의 흐름을 줄여도 높은 삶의 질을 누리면서 삶과 사회의 발전을 이룰 수 있다는 것을 코스타리카는 보여준다.

이상의 네 가지 질문과 이에 대한 답변을 종합해 보면 탈성장이 지향하는 경제는 나만 잘살자는 식의 이기적 경쟁주의 경제가 아니라 모두가 고루 잘살자는 연대의 경제라는 사실을 잘 알 수 있다. 이를 위해 우선 필요한 것은 성장을 멈추거나 줄여야 할 것들과 성장을 늘려야 할 것들을 구분하는 일이다. 전자의 대표 사례로는 화석연료, 핵발전, 무기, 사치품(스포츠카, 개인 전용기, 호화 별장 등), 공장식 축산, 패스트 패션, 투기적 금융, 광고 등을 꼽을 수 있다. 후자에는 재생에너지, 대중교통, 공공 의료, 공공 주택, 교육, 유기농업, 제로 에너지 건축, 문화와 지식 인프라 등이 핵심적으로 속한다. 여기에 부의 균등 분배, 노동시간 단축, 양질의 일자리 보장 등이 발걸음을 함께해야 한다.

보편적 복지 시스템을 잘 갖추는 것도 중요하다. 특히 의료, 주택, 교육, 보육, 에너지 등 삶의 기본 영역들에서 공공성을 높이고 고용 안전망, 최저임금, 실업보험, 각종 연금 등을 튼실하게 제도화하는 것이 주요 과제로 꼽힌다. 자본주의 성장 체제의 고질적인 불합리와 비효율을 개선하는 것도 필수다. 의도적 진부화 줄이기, 필수 공공재(기본재)의 탈상품화, 소유권이 아닌 이용권 활성화(공유경제의 사회적 확산 등), 곧이어 살펴볼 '커먼즈'의 확장과 창출 등이 여기에 해당한다.

이렇게 해서 탈성장 경제에서는 거대 기업과 소수 부유층으로 쏠린 사적 부는 줄어드는 대신 절대다수 사람의 삶의 질과 복지를 높일 공적 부는 늘어난다. 인간 삶의 참된 풍요와 건강한 사회발전의 실마리를 여기서 찾을 수 있다. 부족한 것은 부의 총량이 아니다. 진짜 부족한 것은 평등한 분배와 이것을 실천할 수 있는 정의롭고도 생태적인 경제다. 기존 방식의 경제성장으로는 빈곤이나 불평등 문제를 해결할 수 없다. 경제성장, 더 안 해도 우리는 잘 먹고 잘살 수 있다.

강조해 두고 싶은 건 탈성장이 지향하는 연대는 복합적인 동시에 폭이 넓다는 점이다. 이 연대는 인간 세상의 지평을 넘어선다. 사람은 자연의 일부로서 자연에 속한 존재다. 그러니 사람과 자연이 관계 맺는 방식을 바꿔야 한다. 이는 사람과 자연의 연대다. 동시에 모든 사람은 똑같이 존엄하고 평등하다. 사람과 사람이 관계 맺는 방식을 바꿔야 한다는 뜻이다. 이는 사람과 사람의 연대다. 탈성장은 이 두 가지 연대를 동시에 추구한다. 이 둘이 견고하게 손을 맞잡아야만 오늘날 자연과 인간을 모두 괴롭히고 있는 갖가지 위기의 사나운 격랑을 헤쳐나갈 수 있다. 생태적으로 지속가능한 경제와 사회적으로 정의로운 경제가 탈성장 경제의 양대 축을 이루는 건 그 자연스러운 결과다. 이런 의미에서 탈성장이 추구하는 경제는 나(와 인간)만 잘살려고 남(과 자연)을 밟고 올라서야 하는 '사다리 경제'가 아니라, 상호의존과 상호 연결의 관계망을 토대로 모든 생명의 공동 번영을 이루고자 하는 '그물 경제'라고 할 수 있다.

커먼즈의 힘

목초지, 우물, 숲, 하천, 어장……. 오래전부터 사람들은 이런 것들을 특정 개인이나 집단의 것이 아닌 '모두의 것'으로 여기면서 공동으로 사용해 왔다. '공유지' 혹은 '공유 자원'이라 부름 직한 집단적이고 공동체적인 부라고 할 수 있다. 이처럼 많은 사람이 공유하면서 공동으로 누리는 자연적·사회적·문화적 자원을 일컫는 말이 '커먼즈(commons)'다. 다양한 탈성장 담론에서 거의 빠짐없이 등장하는 것이 이 커먼즈에 관한 이야기다. 탈성장을 이루어가는 데서 커먼즈가 그만큼 큰 의미를 지녔고 중요한 역힐을 힐 짐새력을 품고 있어서나. 닥 늘어맞는 우리말 번역어를 찾기 어려워서 대개는 커먼즈라는 용어를 그대로 사용한다.

일반적으로 커먼즈는 사람들이 함께 모여 스스로 협동하면서 조직하고 사용하고 관리하고 유지한다. 시장이나 국가에 기대지 않는다. 커먼즈와 관련된 이런 사회적 실천 과정과 규범 등을 아울러서 '커머닝(commoning)'이라 부른다. 공유 자원의 자율적이고 민주적인 공동 관리가 핵심이다. 전통적으로 커먼즈의 대표 주자로 꼽혀온 것은 방금 언급한 목초지, 우물, 숲, 하천, 어장 등이다. 하지만 범위를 넓히면 동네 놀이터, 공원, 공터, 도로 등도 얼마든지 커먼즈로 변신할 수 있다. 가령 공터를 텃밭으로 가꾸어 마을 사람들 누구나 채소를 기른다든가, 쇠락해 가는 건물이나 집을 지역 주민들이 함께 수리하고 관리하면서 분화예술 시설로 가꾸는 것 등은 썩 훌륭한 커머닝 사례라고 할 수 있다.

커먼즈를 다룬 책이나 연구 자료는 많다. 그중에서도 이 책의 문제의식이나 논지와 잘 어울리는 건 일본 철학자 사이토 고헤이가 쓴 《지속 불가능 자본주의》라는 책이다. 이에 여기서는 이 책을 참조하여 커먼즈의 이모저모를 좀 더 상세히 살펴보자.

그는 커먼즈의 핵심 특성을 "모든 사람에게 사용가치가 있는 것"으로 간결하게 규정한다. 예전에 공동체들이 커먼즈의 독점적 소유를 금지하고 협동적인 부로서 함께 관리해 온 이유가 여기에 있다. 상품화된 것이 아니기에 가격이 붙지도 않았으며, 사람들에게 무상으로 제공되었다. 커먼즈는 풍요로웠고 또 자유로웠다. 자본주의는 이런 커먼즈로부터 사람들을 떼어내야 했다. 살아가는 데 필요한 수단들을 사람들한테서 빼앗아야 이들을 자신의 노동력을 값싸게라도 팔아 생계를 유지하는 처지로 전락시킬 수 있어서다. 앞에서 살펴본 인클로저 이야기가 정확하게 여기에 해당한다.

하천 이야기가 특히 인상적이다. 커먼즈로서 하천은 단순히 물과 물고기만 제공하는 게 아니다. 천혜의 수력 에너지원이기도 하다. 풍부하고 지속가능하며 대가를 지불하지 않아도 되는 에너지다. 영국 산업혁명은 석탄 사용과 밀접한 관계를 맺고 있다. 석탄이나 석유 같은 화석연료는 지구 어느 곳에나 있는 물과 매우 다르다. 특정한 곳에만 존재하는 희소 자원이어서 배타적 독점이 가능한 에너지원이다. 캐내서 수송할 수도 있다. 자본주의 입장에선 수력을 몰아내고 석탄을 주요 에너지원으로 삼는 것이 훨씬 유리하다. 희소하고 배타적이고 독점할 수 있으니 화폐를 거머쥐기에 안성맞춤이기 때문이다. 그 때문에 화석연료는 단지 에너지원에서 끝나지 않았다. '화석 자본'의 구실도 톡톡히 했다. 자본주의 생산력의 눈부신 증가는 석탄이라는 에너지에 힘입은 것이었다. 하지만 그 바람에 도시를 비롯한 지구의 대기는 심각하게 더러워졌고 노동자들은 가혹한 노동에 시달려야 했다. 결국에는 기후위기라는 재앙까지 일어나고 말았다.

자본주의의 발전 역사는 이렇듯 커먼즈를 끊임없이 파괴하고 축소하는 과정이었다. 이를 위해 휘두른 무기는 커먼즈의 상품화와 사유화였다. 인클로저 사례가 보여주듯이, 그 와중에 수많은 사람이 먹고살기 힘들어졌다. 커먼즈가 제공해 주던, 생활에 필요한 재화를 얻거나 이용할 기회를 빼앗긴 탓이다. 자본주의가 성장하면서 생산력은 급속도로 높아졌고 화폐로 측정되는 물질적 가치 또한 눈부시게 늘었다. 하지만 화폐가치로 측정하기 어려운 커먼즈가 사라지면서 사람들의 실제 삶은 오히려 비참해졌다. 자본주의의 점령지를 줄이려면 커먼즈를 늘려야 한다. 커먼즈가 늘어날수록 탈성장이 꿈꾸는 새로운 종류의 풍요와 번영의 길에 가까워진다.

탈성장 경제의 새로운 수레바퀴

사이토 고헤이가 제안하는 한 가지 사례는 전력이다. 전력 또한 커먼즈다. 물과 마찬가지로 인간이 당연히 누려야 할 권리에 속한다. 그러므로 전력을 시장에 맡겨둘 수만은 없다는 게 그의 주장이다. 시장은 화폐가 없는 사람에겐 전력을 제공하지 않는다. 그래서 일반 시민이 참여하여 공동으로 지속가능하고 민주적인 전력 관리 방법을 만들어낼 필요가 있다.

적절한 대안은 시민 전력회사나 에너지 협동조합을 만들어 재생에너지를 생산하고 보급하는 것이다. 현재 독일과 덴마크 등지에서 이런 움직임이 활발하다. 햇빛과 바람은 화석연료나 핵에너지와는 달리 만인이 공평하게 누릴 수 있다. 고갈되지도 않는다. 자본주의식의 배타적 소유나 독점이 발붙일 수 없는 근본적 풍요를 안겨줄 수 있다. 이렇듯 재생에너지는 만인의 필수 공공재인 에너지를 커먼즈로 바꾸는 데 썩 잘 어울린다.

그의 구상은 더 나아간다. 에너지를 지역에서 생산하고 소비한다면 전기 요금이라는 돈이 바깥으로 빠져나가지 않고 지역 내부에서 돌게 된다. 애초 이윤 극대화가 목적이 아니기에 그 수익은 기본적으로 지역 전체를 위한 공적 용도로 사용된다. 이리 되면 시민들은 자신들의 생활을 개선해 주는 커먼즈에 더 큰 관심을 보이며 더 많이 참여하게 될 것이다. 이런 선순환이 활발하게 이루어진다면 그 지역의 환경, 경제, 사회, 문화 전체가 건강하게 번창할 것이다. 탈성장 경제의 수레바퀴는 이렇게 굴러가기 시작할 수 있다.

최근 덴마크 코펜하겐에서 일고 있는 움직임도 흥미롭다.

2019년, 이 도시에서는 누구나 무료로 열매를 따 먹어도 되는 '공공 과일나무'를 시내 곳곳에 심기로 했다. 공원, 학교, 공동묘지, 여가시설 등 공적 공간이 대상지다. 도시를 과수원으로 만들려고 하는 것이다. 이렇게 되면 일반 시민들이 손쉽게 먹거리를 구할 수 있게 되고 환경이나 농업에 대한 관심이 높아질 수도 있다. 특히 가난한 이들에겐 더욱 요긴한 도움이 될 수 있다. 자동차 배기가스로 범벅이 된 과일을 먹고 싶은 사람은 없을 테니 자동차 사용은 줄어드는 대신 자전거 이용이 늘어날 가능성도 커진다. 사이토 고헤이는 이 사례를 소개하면서 "주민들이 자동차 사회에 저항하여 도로라는 커먼(즈)의 풍요를 스스로 되찾기 위해 내딛는 첫걸음"이라고 높이 평가했다. 새로운 현대판 공유지의 탄생이다.

커먼즈에는 문화나 지식에 관련된 것들도 포함될 수 있다. 한 공동체의 언어, 종교 의례, 신화, 전통 지식 등이 그 보기들이다. 더 넓히면 유전자 지식, 생물 다양성, 종자 등도 커먼즈라 할 수 있다. 정보화 등 시대 변화에 따라 새롭게 떠오르는 커먼즈도 있다. 디지털 도구, 오픈소스 소프트웨어(카피레프트 운동), 전 세계 인터넷 사용자가 함께 만들어낸 위키 백과, 온라인상의 다양한 사회적 네트워크 등을 꼽을 수 있다. 심지어 사이토 고헤이는 코로나19 백신과 치료제도 커먼즈가 돼야 한다고 주장한다. 이처럼 상상력을 발휘하고 지혜를 짜낸다면 새로운 커먼즈를 끊임없이 만들어낼 수 있다. 그럴수록 자본주의 성장 체제는 축소되고 탈성장 세상은 확장된다.

'도넛 경제'와 대안의 숲

탈성장을 이해하는 데 보탬이 되는 또 하나의 주목할 만한 아이디어가 있다. '도넛 경제학'이 그것이다. 앞서 언급한 케이트 레이워스의 《도넛 경제학》이 방아쇠를 당겼다. 핵심 메시지는 '도넛 경제학'이라는 말 자체에 함축돼 있다. 가운데에 구멍이 뚫린 둥그런 모양의 도넛을 떠올려 보라. 안쪽과 바깥쪽에 동심원 두 개가 있다.

여기서 안쪽 고리는 사회적 기초를 나타낸다. 그 안으로 떨어지면 인간 삶의 기본적 조건들이 파괴된다. 12개 지표가 있다. 식량, 물, 에너지, 주거, 교육, 보건, 소득과 일자리, 평화와 정의, 정치적 발언권, 사회적 공평함, 성 평등, 각종 네트워크 접근권이 그것이다. 바깥쪽 고리는 생태적 한계를 가리킨다. 이른바 '지구 행성적 경계(planetary boundaries)'다. 그 밖으로 뛰쳐나가면 기후변화를 위시한 치명적인 생태 위기가 들이닥친다. 9개 지표로 측정한다. 기후변화, 대기오염, 생물 다양성 손실, 바다 산성화, 토지 개간, 담수 고갈, 오존층 파괴, 질소와 인의 축적, 화학적 오염이 그것이다. 이 두 고리 사이에 도넛이 있으니, 이 공간이 지구가 베푸는 한계 안에서 만인의 필요와 욕구를 충족시키는 영역이다. 생태적으로 안전하고 지속가능한 동시에 사회적으로 정의로운 공간인 셈이다.

도넛 경제

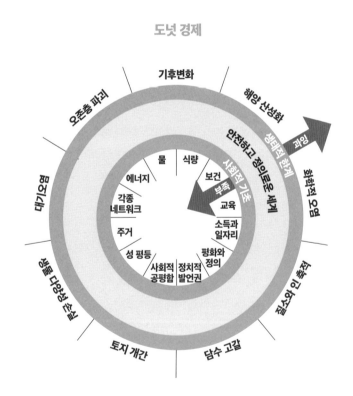

도넛 경제학은 경제성장과는 상관없이 "인간 스스로의 삶이 피어나는 경제"를 만들자는 제안이다. 이 책에 따르면 이제 경제라는 비행기는 하늘을 날아오를 능력과 마찬가지로 착륙하는 능력도 갖춰야 한다. 성장이 종말을 고했을 때도 사람들의 삶을 꽃피우고 번영케 할 능력을 키워야 한다는 뜻이다. 이것이, 재물을 얻는 기술이 아니라 삶의 기술을 열망하는 시대로 이행하는 도덕적, 사회적 진보의 첫걸음이라는 게 도넛 경제학의 주장이다. 앞서 강조했듯이, 마을에서 전 지구에 이르는 모든 차원의 경제가 사회 안에, 그리고 생명 세계 안에 녹아들어 있다는 사실을 인정하는 것이 그 출발점이다.

탈성장 경제의 구상을 현실에서 이룰 구체적인 제도와 실천 방안을 마련하는 것은 과제로 남아 있다. 이와 관련해 탈성장 연구자와 운동가들은 돌봄 서비스 공동체, 자연 생태계 복원과 오염 정화 프로그램, 보편적 기본소득, 일자리 보장 제도, 봉사를 주고받는 시간 은행, 지역화폐, 공동체 통화, 디지털 공유경제 등을 제안하고 있다. 이미 세계 곳곳에서 이런 시도들이 활발히 이루어지고 있다. 일부에선 의미 있는 성과를 내고 있기도 하다.

예컨대, 최근 들어 도넛 경제 구상을 실제 정책으로 실천하거나 도입을 검토하는 곳들이 늘어나고 있다. 네덜란드 암스테르담, 덴미그 고펜하겐, 뉴질랜드 남심의 너니른, 캐나나 밴구버

섬의 나나이모 등이 그러하다. 선두 주자는 암스테르담이다. 이 도시는 지난 2020년 4월, 코로나19 사태의 충격을 이겨내기 위한 전략으로서 도넛 경제 모델을 새로운 정책 기준으로 삼는 실험을 시작했다. 핵심은 순환 경제다. 자원과 에너지를 비롯해 모든 물자의 소비를 줄이는 동시에 최대한 오래 사용하고, 폐기물을 최소화하며, 사용 수명이 남은 것은 재활용하고 재사용하여 새로운 쓸모를 만들어 내자는 것이다.

이 전략은 일반 소비재를 넘어 건축 자재에도 적용된다. 예를 들면 건축에 필요한 모든 자재의 여권을 만들어 생명주기를 관리하는 '자재 여권(Material Passport)' 제도라는 게 있다. 건축할 때 자재가 만들어지고 쓰인 이력을 기록해 두고 나중에 건축물이 철거된 뒤 그 자재의 수명이 더 남아 있으면 재활용하는 제도다. 집을 지을 땐 처음부터 이산화탄소와 폐기물을 배출하지 않도록 디자인한다. 시민들이 저렴한 임대료로 오랫동안 살 수 있는 사회 주택을 우선으로 건설한다. 식료품 영수증에 표시되는 가격에 탄소 발자국, 토지에 미치는 영향, 공정임금 같은 항목을 추가하는 '진짜 가격제(True Price Initiative)'를 시행하기도 한다. 제품 가격에 사람들이 잘 인식하지 못하거나 알아도 지불하지 않으려 하는 여러 환경적, 사회적 비용을 명시하는 것이다. 이를 보고서 시민들은 자신의 소비 행위를 성찰하게 된다. 시 정부가 직접 옷 수선점을 운영하거나 고장 난 노트북을 모아 수리한 뒤 다시 나눠주는 정책도 펼친다. 암스테르담은 이런 식으로 도시의 문법을 바꿈으로써 자연도 살리고 시민들의 삶의 질도 높이는 전략을 차근차근 추진하고 있다.

암스테르담 이야기는 하나의 사례일 뿐이다. 탈성장이 제안하는 건 단일한 청사진이나 설계도가 아니다. 갖가지 모색과 실험이 서로 어우러지며 어깨동무하는 것이 탈성장의 참모습이다. 탈성장에 대한 공감대가 커질수록 대안은 더욱 풍요로워질 것이며, 그것을 이루기 위한 실천 또한 한층 더 고양될 것이다.

비행기의 기수를 돌려라

'성장 중독증'과 물질주의 가치관 등이 유난히 기승을 부리는 우리 사회에서 탈성장론은 얼마나 공감을 얻을 수 있을까? 사실 탈성장 이야기는 프랑스 등을 중심으로 한 서구에서 시작됐다. 주도하는 것도 이들이다. 이는 경제성장으로 이미 이룩한 물질적 발전과 풍요에 대한 '반성문'이 탈성장론 바탕에 깔려 있음을 시사한다. 세계를 둘러보면 이와 비슷한 문제의식이나 지향을 바탕으로 한 움직임이 다양하게 나타나고 있다. 특히 라틴아메리카와 아시아 곳곳에서는 자신들의 문화적 전통, 역사적 정체성, 사회경제적 조건 등에 맞게 서구적 근대화와는 다른 길을 모색하는 노력이 활발하게 이루어지고 있다. 탈성장 이야기는 이런 시도들과 더 깊이 소통하고 연대하는 가운데 더욱 풍요로워질 것이다.

우리나라는 서구식 근대화와 경제성장의 외길을 '빛의 속도'로 달려왔다. 그 결과 양적이고 외형적인 측면에서는 서구적 개념의 선진국 반열에 들어섰다고 평가받기에 이르렀다. 물론 서구와 우리는 여러모로 다르지만, 좀 단순하게 말하자면 서구에서 탈성장론이 나오게 된 사정을 공유하고 있는 셈이다. 여기서 탈성장 이야기를 중점적으로 다룬 건 이런 맥락에서다.

이와 관련해 덧붙여 둘 얘기는 탈성장은 유연하고도 열린 개념이라는 점이다. 탈성장이 마치 모든 문제를 한 방에 해결할 만병통치약이나 유일한 해법이라도 되는 것처럼 단정하는 건 현명치 않다. 탈성장은 같이 공부하고 토론해야 할 수많은 대안 중의 하나다. 결핍에서 풍요로, 과잉에서 균형으로, 추출에서 순환으로, 폐기에서 재생으로, 억압에서 호혜로, 분리에서 연결로, 고립에서 연대로. 우리가 할 일은 이런 방향으로 나아가는 큰길에서 '대안의 숲'을 더 울창하게 일구고 '전환의 씨앗'을 더 풍성하게 뿌리는 것이다. 탈성장은 논의의 종착점이 아니라 시발점이다.

어쨌거나 중요한 것은 세계 어디서든 기존 방식의 경제성장이 우리를 잘살게 해주는 시대는 막을 내렸다는 점이다. 지금까지와 같은 빠른 경제성장과 높은 경제성장률이 앞으로도 계속되기를 기대하기는 어렵다. 이는 단지 규범적이고 당위적인 차원에서 하는 얘기가 아니다. 이미 우리는 그런 현실에 들어섰다. 케이트 레이워스는 인구 감소와 노령화, 노동 생산성 저하, 과도한 부채, 자산 불평등 심화, 원자재 가격 상승, 기후위기 대응 비용 증가 등을 그 요인으로 꼽는다. 두루 우리가 실제로 직면하고 있는 문제들이다. 최근에는 코로나 팬데믹으로 세계 경제 전체가 치명적인 타격을 입었다. 강대국들의 패권 다툼이 격렬해지고 국제 정세의 불안정성과 불확실성이 높아지는 가운데 세계 곳곳에서 전쟁도 끊이지 않는다. 에너지 위기, 식량 위기, 안보 위기 등이 드리우는 그늘 또한 짙다. 이 모두 세계 경제 전반의 구조적인 저성장 추세를 더욱 단단히 굳히고 있다.

성장의 종말은 커다란 혼돈과 함께 찾아올 것이다. 레이워스의 말마따나 우리가 원치 않는 목적지로 날아가고 있는 경제라는 비행기가 돌이킬 수 없는 파국에 빠져들기 전에 착륙할 준비를 해야 한다. 탈성장 경제의 구상은 그 위태로운 비행기의 기수를 돌려 안전한 곳으로 안내할 새로운 '관제탑' 역할을 할 수 있다.

탈성장을 너무 급진적이고 이상적인 기획으로 여기는 이들도 있으리라. 자본주의 성장 체제가 씌워놓은 성장 신화의 올가미는 워낙 강력하고도 빈틈없어서 여기서 탈출하기란 쉬운 일이 아니다. 하지만 탈성장이 급진적이라고 생각하기에 앞서 우리에게 닥친 위기 자체가 대단히 '급진적'이라는 사실을 먼저 상기해 보는 게 어떨까? 아니나 다를까, 2007년에 노벨평화상을 받는 등 기후위기에 관한 한 가장 권위 있는 국제기구로 손꼽히는 IPCC(기후변화에 관한 정부 간 협의체) 보고서에도 탈성장 이야기가 등장했다. IPCC 산하 3개 실무그룹 중 사회과학 분야 연구자들이 다수 참여한 제2그룹과 제3그룹이 2022년에 각각 발표한 6차 보고서에서다. 이 보고서는 시스템 전환의 필요성을 다루면서 경제성장에 종속되지 않는 새로운 번영과 '좋은 삶'을 추구하는 탈성장을 소개한다. 그러면서 탈성장 등과 같은 접근법만이 기후 안정화를 이룰 수 있다는 것을 일부 연구가 확인했다고 강조하고 있다.

탈성장의 상징은 달팽이다. 달팽이는 겉껍데기를 소용돌이 모양으로 키워나가다 일정한 크기에 이르면 더는 키우지 않는다. 더 키우면 껍데기가 갑자기 너무 커져서 그 무게를 감당할 수 없어지기 때문이다. 우리 문명, 우리 경제, 우리 삶의 껍데기는 이미 너무 커졌다. 그런데도 끝없이 더 키우겠다고 지금도 안달복달한다. 이제 달팽이의 지혜를 배울 때다. 우리가 위기에 대처할 시간이 얼마나 남았는지는 정확히 알 수 없다. 그러나 허비할 시간이 없다는 것은 분명하다.

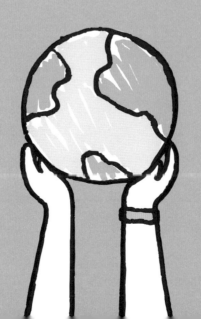

6장

과학기술은 양날의 칼이다

사기꾼으로 전락한 '국민 영웅'

지난 2004~2005년 우리나라에는 온 세계가 주목한 유명한 과학자가 있었다. 그가 엄청난 기술을 세계에서 처음으로 개발했기 때문이다. 사람의 체세포를 유전물질을 제거한 여성의 난자와 결합한 뒤 여기에 전기 자극을 가해 배아를 만들어내고, 이 인간 복제 배아에서 줄기세포라는 것을 뽑아낸 것이다. 더구나 다른 사람도 아닌 환자 자신의 체세포로 만든 복제 배아에서도 줄기세포를 만들어냈다고 발표했다. 이 기술이 놀라운 이유는 갖가지 불치병과 난치병을 치료할 수 있는 '마법의 열쇠'가 줄기세포에 있다고 여겨져서다.

줄기세포란 다른 조직이나 기관, 장기 등으로 분화할 능력을 갖춘 세포를 말한다. 과학자나 의학자들이 가장 큰 관심을 기울이는 건 배아 줄기세포다. 수정 후 4~5일 정도부터 배아 안쪽에서 만들어지는 세포가 배아 줄기세포다. 이것이 중요한 까닭은 근육, 신경, 뇌, 뼈, 피부, 간, 혈액 등 사람 몸의 거의 모든 장기,

기관, 조직의 세포로 분화할 수 있는 아주 특별한 능력을 이 세포가 지녔기 때문이다. 이와는 달리 성체 줄기세포는 특정 조직의 세포로만 분화할 수 있다.

줄기세포 치료법의 비밀은 여기에 있다. 즉 병에 걸렸거나 장애가 있는 장기, 조직, 기관 등에 배아 줄기세포를 집어넣으면 각각의 부위에 필요한 정상적인 세포가 자라나 치료가 된다는 것이다. 몸 어디든 문제가 생긴 곳에서 제 기능을 하지 못하는 세포를 정상적인 세포로 바꿔주는 것, 이것이 줄기세포 치료법이 지닌 놀라운 마법이다. 따라서 이런 치료법이 완벽하게 개발된다면 장애인이 사라질지도 모르는 것이다.

이런 줄기세포를 환자 자신의 체세포로 만들어 냈다는 점에서 그 과학자는 더욱 큰 주목을 받았다. 다른 사람한테서 나온 줄기세포는 환자 몸에 거부 반응을 일으킬 가능성이 커서 위험하기 때문이다. 그리하여 그는 모든 장애를 없애고 난치병과 불치병을 치료해 줄 수 있는 구세주, 국민 영웅, 국보급 과학자 등으로 당시에 불렸다. 한국인 최초로 노벨상을 받을 거라는 기대가 쏟아졌다. 그가 개발한 기술이 '황금알을 낳는 거위'가 되어 국가 경제발전의 일등 공신이 되리라는 장밋빛 환상이 한껏 부풀어 오르기도 했다.

한데 이게 뭔가. 그의 업적은 나중에 사기인 것으로 밝혀졌다. 그가 발표한 논문은 거짓으로 조작한 것이었다. 검증 결과, 줄기세포를 만들었다는 증거도 없었다. 온 세계와 수많은 국민을 흥분과 열광의 도가니에 빠뜨렸던 그의 '연극'은 희대의 과학 사기극으로 끝나고 말았다. 그는 과학자나 국민 영웅이기는커녕 사기꾼이자 범죄자에 지나지 않았다. 서울대 수의대 교수였던 황우석이 바로 그 주인공이다.

세상을 발칵 뒤집어놓은 황우석 사태는 많은 교훈을 남겼다. 그중에서도 두고두고 곱씹게 되는 건 '과학기술을 어떻게 볼 것인가?' 하는 문제다. 오늘날 우리가 살아가는 세상은 과학기술 사회라 불린다. 현대 문명을 과학기술 문명이라 일컫기도 한다. 최근 인류 역사가 걸어온 길이 과학기술과 어깨를 나란히 해왔고, 과학기술을 통한 진보의 열매가 현대 문명이어서다. 특히 인간 상상력의 한계에 끝없이 도전하는 첨단 과학기술의 최근 발전상은 경이롭기 그지없다.

그래서이리라. 세상에는 과학기술 낙관론이 차고 넘친다. 과학기술 발전이 세상의 번영을 이끌 것이며 인류가 직면한 골치 아픈 문제들을 해결해 주리라는 생각이 널리 퍼져 있다. 설령 과학기술에 이런저런 문제가 좀 있다손 치더라도 과학기술이 종국에는 유익한 결과를 안겨주리라 기대하는 사람도 많다. 지금 드러나는 과학기술의 한계와 결함들은 미래에 과학기술이 더 발전하면 해결될 거라고 여기는 경향도 강하다.

황우석 사태 같은 어처구니없는 일이 벌어지게 된 밑바닥 배경에도 과학기술에 대한 이런 사회적 맹신 분위기가 깔려 있다. 모든 장애를 없애주겠다는, 좀 부풀려서 표현하자면 세상을 구원하고 천국의 문을 열어주겠다는 신통방통한 과학기술의 복음이 울려 퍼지자 정부도, 언론도, 전문가들도, 일반 대중도 엎드려 과학기술을 경배하느라 제정신들이 아니었다. 허황한 연출이었음에도 사기극이라는 걸 눈치채지 못했다. 그 결과 그 '복음'에 담긴 중대한 윤리적·사회적·인간적 문제들은 광적인 환호성에 묻혀버리고 말았다.

이래도 될까? 우리 인류는 과학기술 발전을 바탕으로 문명을 일구면서 번창해 왔다. 그 과정에서 과학기술은 물질의 풍요와 안락, 생활의 편리와 효율, 지식과 정보의 증대 등을 비롯해 다양한 이득과 혜택을 안겨주었다. 하지만 빛이 밝을수록 그늘 또한 짙은 법. 현대 과학기술은 엄청난 규모와 위력으로 새로운 위험과 위기, 혼돈과 파괴를 일으키고 있기도 하다. 전 지구적인 생태 위기, 핵무기와 핵발전, 생명공학의 폭주 등이 대표적이다. 이제 현대 과학기술이 그려 보이는 장밋빛 미래에 마냥 박수만 보내기보다는 비판적이고 성찰적인 시각이 필요하다. 과학기술에 대한 맹목적인 열광이나 일방적인 폄하는 둘 다 바람직하지 않다. 과학기술이 지닌 '두 얼굴'을 동시에 볼 줄 아는 균형 잡힌 안목을 갖추는 게 중요하다.

자본과 권력의 시녀가 되다

그렇다면 현대 과학기술의 가장 큰 문제점은 뭘까? 과학기술의 상업화다. 오늘날 과학기술은 자본과 권력의 지배 아래 놓였다고 해도 과언이 아니다. 이렇게 된 이유는 다른 게 아니다. 과학기술이 발전을 거듭하면서 연구나 개발 작업에 필요한 비용, 자원, 인력 등의 규모가 엄청나게 커졌는데, 자본과 권력의 소유자인 기업과 국가만이 이런 것들을 수월하게 동원할 수 있어서다. 그 결과 국가와 기업의 지원이 없으면 제대로 된 과학기술 연구나 개발을 할 수 없게 되었다. 막대한 투자가 필요한 첨단 기술일수록 더 그렇다. 그러니 과학기술의 자율성과 독립성은 중대한 침해를 받을 수밖에 없다. '청부 과학(자)'이라는 말이 유행하고, 과학기술이 권력과 자본의 시녀로 전락했다는 비판이 거세지는 건 이런 배경에서다.

이처럼 과학기술이 이윤과 권력 논리에 종속되는 바람에 실제로 수많은 과학기술 연구개발 프로젝트가 기업의 논벌이 이해관계나 정부의 요구에 따라 이루어진다. 대학이 기업을 위한 인력 양성소이자 취업 준비 기관처럼 변한 것도 이와 무관치 않다. 갈수록 기업의 영향력이 커지면서 한층 노골적으로 과학기술의 주인 행세를 하는 건 자본이다. 이는 사회 전반에 대한 경제의 지배력이 커져온 그간의 흐름과 맥락을 같이한다. 안 그래도 심각한 과학기술의 상업화가 더 깊어질 수밖에 없다.

자본과 국가가 서로 결탁하면서 자신들의 입맛에 맞게 과학기술을 왜곡하거나 변질시키는 일도 수두룩하다. 이를 잘 보여주는 사례가 있다. 2001년에서 2009년까지 미국 대통령을 지낸 조지 부시는 텍사스에서 석유 기업을 운영해 큰돈을 번 사업가 출신이었다. 환경문제에 관심이라곤 없었다. 그래서인지 그는 오랫동안 석유 기업의 이해를 대변하는 로비스트로 일하면서 기후위기를 부정해 온 필립 쿠니라는 사람을 환경 담당 정책 보좌관으로 임명했다.

쿠니는 4년이 넘도록 기후위기와 온실가스 배출의 관계를 다룬 보고서가 올라오면 그 내용을 조작하거나 편집하는 짓을 저질렀다. 중요한 책임을 맡은 공직자가 정부 보고서 내용을 제멋대로 바꾸면서 자기를 지원해 주는 석유 기업의 이익을 위해 일한 것이다. 결국 이를 보다 못한 내부 고발자가 나서서 〈뉴욕타임스〉에 이 사실을 폭로했다. 쿠니는 거센 비난 속에서 불명

예스럽게 물러날 수밖에 없었다. 하지만 그는 그 자리를 떠나자마자 곧바로 거대 석유 기업인 엑손모빌에 취업해 출근하기 시작했다. 이 이야기는 화석연료 산업에 공통의 이해관계를 가진 국가권력과 자본이 한통속이 되면 어떤 일이 벌어지는지를 잘 보여준다. 과학적 연구조사 결과마저 왜곡되거나 짓밟히게 되는 것이다.

과학기술이 자본의 돈벌이 이윤 논리에 종속된다는 건 과학기술이 경제성장의 도구로 활용된다는 걸 뜻한다. 그래서 오늘날 과학기술은 자본주의 성장 체제와 더욱 깊숙이 결합하고 있다. 과학기술의 폭력적이고 파괴적인 속성이 더 도드라지게 나타날 수밖에 없다. 특히 주의할 것은 자본과 국가의 지배 아래서 과학기술이 거대해질수록 거대 위험을 낳기 쉽다는 점이다. 큰 위험은 거의 언제나 부분적이고 불완전한 지식을 대규모로 이용하는 데서 싹트고 자라기 때문이다. 거대 과학기술의 집합체이자 압축판인 핵발전이나 핵무기가 이를 잘 보여준다.

본디 한계를 모르고 지나치게 커지는 것들은 위험한 법이다. 게다가 오늘날 과학기술이 미치는 영향력의 범위는 공간적으로는 지구를 넘어 우주 전체에, 시간상으로는 아득한 미래세대에까지 이르게 되었다. 눈부신 발전을 계속하고 있는 현대 과학기술에 대한 성찰은 이제 선택이 아니라 필수다.

플라스틱은 현대인의 필수품으로서 사람들의 일상생활에 매우 유용하게 쓰인다. 그렇지만 플라스틱은 환경재앙의 원흉 가운데 하나이기도 하다. 플라스틱은 과학기술 발전의 산물이다. 그런데 생물학적으로 분해되지 않는 물질을 개발하겠다는 과학기술의 애초 목적을 훌륭하게 성취한 결과가 플라스틱 쓰레기 대란이라는 생태적 재앙으로 돌아왔다. 목적의 성취, 곧 성공이 실패로 뒤바뀐 것이다. 살충제도 마찬가지다. 사람을 괴롭히기도 하고 농사를 망치기도 하는 해충을 없앨 수 있는 살충제를 개발한 것은 과학기술의 빛나는 개가다. 하지만 이것이 그 뒤 수많은 사람의 건강과 자연 생태계에 심각한 해악을 끼쳤다. 살충제의 대명사 격이었던 DDT는 이미 1970년대에 사용이 금지되기까지 했다.

당혹스러운 역설. 현대 과학기술이 안고 있는 또 하나의 문제가 이것이다. 현대 과학기술은 하나의 문제를 해결할 수 있지만 또 다른 문제를 일으킬 때도 많다. 이런 경우, 문제를 해결함으로써 얻은 이득이나 혜택보다 새롭게 불거진 문제가 더 큰 폐해를 낳기도 한다. 이를 잘 보여주는 것이 과학기술 발전이 환경에 미치는 영향이다. 인간은 과학기술 발전에 힘입어 자연 상태에서는 존재하지 않는 새로운 인공 물질을 만들어내는 능력을 거머쥐게 되었다. 문제는 이런 물질이 자연으로 쏟아져 나오면 심각한 환경파괴가 일어난다는 점이다. 사실 오늘날 우리가 알고 있는 오염 물질 가운데 다수는 제2차 세계대전 이전에는 존재하지도 않았거나, 아니면 적어도 지금과 같은 대량생산과 대중적 사용이 이루어지지 않았다. 원자폭탄 개발 과정에서 탄생한 인공 방사성 물질을 비롯해 방금 살펴본 플라스틱, DDT, 합성세제 등이 그런 것들이다.

한 가지 사례만 더 꼽자면 지금 우리 주변에 널린 유전자 조작 먹거리(GMO)도 비슷한 경로를 밟고 있다. 생명공학 발달의 산물인 GMO 덕분에 작물 생산량 자체는 늘었다. 하지만 유전자를 조작한 종자와 이런 작물에만 효능을 보이는 농약 등을 개발한 거대 기업들은 GMO를 무기 삼아 농업에 대한 지배력과 장악력을 급속도로 강화했다. 그 결과 오늘날 GMO는 농업과 농민을 갈수록 거대 자본에 깊숙이 예속시키고 있다. 생태계 파괴와 교란, 사람의 건강과 안전에 대한 위협 등도 GMO가 일으키는 중요한 문제들이다. 성공이 곧 실패로 귀결되는 이중성의 딜레마. 이는 비단 플라스틱, 살충제, GMO뿐만 아니라 현대 과학기술 자체에 내장된 중요한 속성이라고 할 수 있다.

또 다른 문제도 있다. '낙타의 코를 조심하라'는 게 그것이다.

이는 중동 지역에 오래전부터 전해 내려오는 격언이다. 여기, 낙타를 타고 사막을 떠도는 여행자가 있다. 어둠이 내리자 여행자는 텐트를 치고 잠을 청한다. 그런데 잠시 뒤 부스럭거리는 소리가 난다. 잠이 들다 말고 살펴보니 낙타가 코를 텐트 안으로 들이밀고 있다. 밖은 춥지만 텐트 안은 따뜻해서다. 여행자는 다시 잠자리에 든다. 낙타의 코쯤이야 괜찮겠지. 설핏 잠이 드는가 했는데 또다시 이상한 소리가 난다. 깨서 보니 이번에는 낙타의 머리가 텐트 안으로 들어와 있다. 이번에도 그냥 넘어간다. 뭐, 저 정도는 괜찮겠지. 여행자는 다시 잠이 들었는데 뭔가가 자기 몸을 누르는 느낌에 또 깨고 만다. 이번에는 아예 낙타의 몸 전체가 텐트 안으로 쑥 들어와 있다. 여행자는 텐트 밖으로 밀려날 수밖에 없다. 그는 애초에 낙타의 코쯤이야 별것 아니라고 여겼다. 하지만 결국은 밤새 바깥에서 추위에 떨어야만 했다. 낙타의 코를 조심하지 않으면 큰코다치게 되는 것이다. 이 이야기는 처음에 사소하게 보이는 것을 가볍게 여기다간 결국에는 큰 화를 자초하게 된다는 교훈을 전해준다.

이와 비슷한 것으로 '미끄러운 비탈길(slippery slope)' 논증이라는 게 있다. 첫 시작은 작은 일처럼 보이지만 그것이 진행되다 보면 연속적으로 다른 일들을 일으키고 종국에는 재앙을 낳는다는 얘기다. 중간 어디쯤에서 뭔가가 잘못되고 있다는 걸 뒤

늦게 깨달아도 사태는 계속 진행된다. 미끄러운 비탈길에서 굴러 내려가는 공을 멈춰 세우기란 얼마나 어려운가. 과학기술에서 이른바 '경로 의존성(path dependency)'을 경계해야 할 이유가 여기에 있다. 어떤 특정한 경로가 만들어지고 여기에 의존하기 시작하면 이것이 갈수록 공고해져서 결국에는 이것의 지배를 받게 된다. 뒤늦게 이 경로의 위험이나 결점이나 비효율성이 드러나더라도 이미 구조화된 질서와 관행으로 굳어졌기에 돌이키기 어렵다.

그래서다. 아무리 감탄스러운 최첨단 과학기술이라 해도 그것을 무턱대고 믿고 따르다가는 예상치 못한 큰 문제에 부닥칠 수도 있다는 사실을 되새길 필요가 있다. 이는 곧, 인간의 과학기술로 자연을 마음대로 통제할 수 있다거나 모든 문제를 해결할 수 있으리라는 믿음이 오만하고도 어리석은 착각이라는 걸 깨달아야 한다는 뜻이기도 하다. 오만과 무지는 동전의 앞뒷면을 이루기에 나쁜 결과를 예측하지 못한다.

자본주의 이윤 논리 아래서는 더욱 그렇다. 이를테면 투자한 자본에 눈이 멀고 이것이 아까워서 나쁜 결과를 낳을 가능성을 인정하려 들지 않는다. 그 결과 현재는 물론 미래마저도 희생의 제물이 된다. 이렇듯 과학기술의 오만은 미래마저도 자기가 독점하겠다는 탐욕으로 이어지기도 한다. 지금의 지식뿐만 아니라 미래의 지식과 아직 알려지지 않았거나 밝혀지지 않은 것들까지도 과학기술의 소유물이라고 주장하는 것이다. 자본주의는 시간도 상품으로 뒤바꾸는 마법을 부린다. 자본주의 성장 체제에서는 오지 않은 미래도 어떻게든 착취해야 할 또 다른 '자본의 식민지'다.

전문가주의에 맞서서

현대 과학기술에서 또 한 가지 검토할 문제는 이른바 '전문가주의'다. 전문가주의란 무엇인가? 과학기술사회학 등을 연구하는 이영희 가톨릭대 교수는 《전문가주의를 넘어》에서 "중요한 공적 의사결정을 전문가들에게 맡겨야 한다는 믿음 체계"라고 간단명료하게 정의한다. 현대사회는 기술적으로 대단히 복잡하므로 고도의 전문성을 갖춘 이들만이 사회적 의사결정에 참여해야 한다는 것. 전문가의 역할이 중요하고 또 필요하다는 것은 두말할 나위도 없다. 각 분야 전문가들이 지닌 다양한 능력은 높은 평가를 받아야 할 사회 전체의 소중한 자산이다. 이는 누구나 인정하고 존중하는 바다. 하지만 여기서 그치지 않고 전문가들만이 사회적 의사결정을 제대로 할 수 있고 나아가 독점해야 한다고 주장한다면 어떨까?

이는 틀렸을 뿐만 아니라 위험하다. 무엇보다 민주주의의 원리에 반한다. 민주주의의 핵심은 인민의 자기 지배, 민중의 자기 통치다. 평범한 보통 사람들이 권력의 주인으로서 사회적 의사결정의 주체로 서는 게 민주주의의 대전제다. 전문가주의가 기승을 부리면 소수 전문가와 기술 관료가 사회적 의사결정을 배타적이고 폐쇄적으로 독점하게 된다. 반대로 일반 시민이 참여할 공간과 통로는 줄어든다. 사회 구성원들이 자기 삶에 영향을 미치는 일을 결정하는 데서 배제되고, 그럼으로써 자기 삶의 주인으로 살아가지 못한다면 민주주의는 무너질 수밖에 없다.

하여 우리는 다시 묻게 된다. 전문가란 무엇인가? 또 무엇이어야 하는가? 일반적으로 전문가란 특정 분야의 지식이나 기술, 경험 등을 풍부하게 갖춘 사람을 가리킨다. 하지만 요즘 대부분 전문가는 자기 전공 분야를 깊이 알긴 하지만 그 폭이 좁다. 그래서 '전체 틀'과 '큰 흐름'을 읽어내고 짚어낼 줄 아는 안목이나 식견은 모자랄 때가 많다. 전문가는 또한 자기 분야에서 지배적인 관점이나 논리 같은 것에 길든 탓에 다른 가능성은 잘 모르거나 소홀히 여기기 쉽다. 우물 안 개구리 식으로 자기 전공 분야의 편협한 울타리 안에 갇힐 때가 많은 것이다. 수많은 분야의 다양한 요인과 변수가 복삽하게 얽혀 돌아가는 현대 과학기술 사회에서 이것은 중대한 결점이다. 자기 전공 분야에 국한된 사안에선 뛰어난 능력을 발휘할지 모르지만, 과학기술이 인간, 자연, 사회 등과 맺고 있는 다채롭고도 복합적인 관계를 제대로 파악하기는 어려울 테니 말이다. 구체적인 삶과 생활의 현장에서 우러나오는 현실감각과 균형 잡힌 인식도 떨어질 가능성이 크다.

그런데도 수많은 현대인은 과학기술이 부리는 '마법'에 홀려 자신의 판단을 신뢰하기보다는 전문가들의 확인이나 결정에 의존하곤 한다. 가령 언젠가부터 새 아이의 탄생을 집에서 볼 수 없게 되었다. 좋든 싫든 산부인과 병원에 가야 한다. 의사라는 전문가의 개입 아래 출산이 이루어진다. 죽음은? 마찬가지로 의사라는 전문가의 사망 판정을 받아야 비로소 죽음이 완결된다. 제도적으로 정해놓은 이런 절차를 지키지 않으면 법을 어긴 것이 되거나 상당히 까다로운 별도의 절차를 밟아야 한다. 우리는 생의 시작과 마지막 모두를 전문가의 손길에 맡겨야 하는 시스템 아래서 살아가고 있다.

전문가들에게 맡길 수 있고 또 맡겨도 되는 일은 많다. 맡겨야만 하는 일도 때때로 있다. 그러나 전문가들에게 맡길 수 없고 또 맡겨선 안 되는 일도 있다. 대개 사람들의 삶이나 사회 공동체, 혹은 자연에 커다란 영향을 미치는 일일수록 그렇다. 이를테면 '성장의 한계'를 설정하는 일을 소수 전문가에게 일임할 수 있을까? 말했거니와 이런 일은 근본적으로 과학이나 경제학의 영역에 속하는 게 아니다. 사회적, 정치적으로 판단하고 결정해야 할 사안이다. 가치판단의 영역에 속한다고 할 수도 있다. 시민 대중 전체가 민주주의 원칙에 따라 충분한 토론을 거치고 뜻을 모아서 처리해야 할 일인 것이다.

그렇다면 이 시대에 전문가가 갖춰야 할 능력은 뭘까? 가장 중요한 것은 겸손과 공생의 지혜다. 그리고 그 바탕은 한계에 대한 성찰이다. 우선은 자기가 가진 지식과 기술 또는 자기가 하는 일이 인간, 자연, 생명, 사회 등과 어떤 관계를 맺고 있고, 역사 속에서 어떤 맥락에 놓이는지를 분별할 줄 아는 능력이 필요하다. 이는 자연스레 또 다른 소중한 능력으로 연결된다. 자신이 가진 지식과 기술에 어떤 한계가 있는지를 알아차리는 능력, 그리고 한계를 스스로 설정할 수 있는 능력이 그것이다. 이 능력을 갖춰야 자기가 하는 일에 어떤 실수나 오류가 저질러질지, 그리고 어떤 위험이나 위기가 도사리고 있는지를 내다볼 수 있다. 나아가 그래야 그것들을 피해갈 방법을 찾아낼 수 있게 된다. 미국 작가 마크 트웨인은 이런 말을 남겼다. "곤경에 빠지는 건 뭔가를 모르기 때문이 아니다. 뭔가를 확실하게 안다고 착각하기 때문이다."

한계가 있음을 안다는 것은 어느 수준을 넘어서는 것은 좋지 않다는 것을 안다는 뜻이기도 하다. 이에 또 한 가지 중요한 능력이 있으니, 뭔가를 할 수 있음에도 불구하고 스스로 하지 않을 줄 아는 능력이 그것이다. 예를 들면 이런 것들이다. 경제성장을 더 밀어붙일 수 있음에도 우리 스스로 멈춰 세울 줄 아는 능력. 핵발전소와 핵무기를 더 많이 만들 수 있음에도 우리 스스로 줄이고 폐기할 줄 아는 능력. 언젠가 인간 복제마저도 가능해질지 모르지만 생명공학의 폭주에 우리 스스로 제동을 걸 줄 아는 능력. 인류가 자신의 능력을 과신한 채 자멸적인 물신의 바벨탑을 끝없이 쌓아 올려온 것은 이런 종류의 능력을 기르지 못한 탓이다.

묻고 답해야 할 것은 무엇을 할 수 있느냐만이 아니다. 무엇을 할 수 없고 하지 말아야 할지도 묻고 답해야 한다. 할 수 있는 것을 하는 것은 쉬운 일이다. 이에 견주어 할 수 있는 능력이 있음에도 스스로 절제하고 다스려 그 능력을 행사하지 않는 것은 쉬운 일이 아니다. 더구나 우리는 여태껏 능력을 최대한 키우고 발휘하는 것을 진보나 발전으로 여겨왔다.

그 결과 자본주의 성장 체제와 함께 발전해 온 현대 과학기술은 성장의 신화 속에서 한계라곤 모른 채 어마어마하게 거대해지고 복잡해졌다. 더군다나 돈의 힘에 휘둘리게 됐다. 지금의 지배적인 기술이 소수를 위한 기술, 착취를 위한 기술, 인간과 자연과 사회를 망가뜨리는 기술로 기울어진 것은 이런 배경에서다. 전문가주의가 득세하게 된 것은 이런 흐름을 타고서였다. 한 번 더 확인하자. 초점은 전문가 자체를 깎아내리자는 게 아니다. 전문가'주의'가 문제다. 전문가주의의 지배에 맞서는 것은 현대 과학기술을 바꾸는 일과 깊이 맞물려 있다.

벽은 허물고 다리를 놓자

과학기술이라고 다 똑같은 게 아니다. 좋은 것도 있지만 나쁜 것도 있다. 이를테면 앙드레 고르스는 기술을 '열린 기술'과 '닫힌 기술'이라는 두 가지 범주로 나누었다. 전자는 인간의 자율성과 상호 관계, 타자와의 교류 등을 높이는 기술이다. 후자는 반대로 사람들을 분리하고 기술의 노예로 전락시키며 상품이나 서비스 제공 등을 독점하는 기술이다. 닫힌 기술의 전형적 사례는 핵발전이다. 열린 기술의 모습은 대중교통 등에서 잘 찾아볼 수 있다. 자본주의 시스템 아래서 살아가는 현대인 대다수는 닫힌 기술이 만들어내는 상품들을 사서 소비하고 버리는 생활의 쳇바퀴에 갇혀 있다는 게 고르스의 비판이다.

E. F. 슈마허는 과학을 두 가지로 구분했다. 하나는 '이해'를 위한 과학이고, 다른 하나는 '조작'을 위한 과학이다. 전자는 인간의 사고 능력을 키워서 자유와 삶의 성숙에 이바지하는 '지혜로서의 앎'이다. 후자는 지식을 더 많이 쌓아 자기 마음대로 외부 환경을 조작하려는 '권력과 힘으로서의 앎'이다. 조작을 위한 과학은 거의 필연적으로 자연 파괴에서 인간 파괴로, 자연 조작에서 인간 조작으로 나아가게 된다.

여기서 우리는 새삼 과학기술(과 그 산물)이 가치중립적이지 않다는 사실을 확인할 수 있다. 물론 과학자가 어떤 물건이나 기술을 발명할 때 애초 의도나 마음은 얼마든지 가치중립적으로 순수할 수 있다. 자연과 우주에 대한 지적 호기심, 이 지구와 세계에 대한 탐구열은 과학기술 발전을 이끌어온 원동력이기도 하다. 그렇지만 현실에서 과학기술이 국가나 자본의 욕망, 혹은 특정 권력 집단이나 기득권 세력의 이해관계에 종속되는 경향이 강하다는 건 살펴본 대로다. 눈여겨봐야 할 것은 이처럼 과학기술을 둘러싸고 작동하는 시스템적 맥락과 여기에 얽힌 정치적, 권력적 함의다.

예를 들어보자. 알프레드 노벨은 다이너마이트를 개발해서 엄청난 부를 쌓았다. 그가 다이너마이트를 개발한 것은 건설공사나 광산 개발 등 평화적인 용도에 쓸 안전한 폭약을 만들기 위해서였던 것으로 알려져 있다. 하지만 다이너마이트는 이후 가공할 전쟁 무기와 살상 도구로 사용됐다. 제2차 세계대전 당시 '맨해튼 프로젝트'라 불렸던 미국 원자폭탄 개발 사업의 기술 부문 책임자였던 줄리어스 로버트 오펜하이머 사례도 거론할 수 있다. 그는 핵무기 개발을 성공으로 이끄는 데 주도적인 역할을 했다. 하지만 폭발 실험이 성공리에 끝난 뒤 힌두교 경전《바가바드 기타》의 다음 구절을 읊조렸다고 한다. "나는 이제 죽음이요, 세상의 파괴자가 되었도다." 미국이 일본에 원자폭탄을 투하한 뒤 벌어진 참상을 보면서 핵무기가 얼마나 끔찍한 괴물인지를 절감한 그는 나중에 핵무기 개발을 반대하는 입장에 섰다. 하지만 그 대가로 그는 공산주의자로 의심받고 소련의 스파이로 몰리는 등 갖은 고초를 겪어야만 했다.

과학기술의 사회적 책임이 중요한 이유가 여기에 있다. 좀 전에 성장의 한계를 설정하는 것과 같은 일을 소수 전문가에게 맡길 수 있겠느냐는 의문을 제기했다. 이런 경우는 어떤가. 핵발전소나 핵 폐기장을 지을 곳을 어떻게 결정해야 할까? 이런 시설은 들어서는 곳의 지역 주민과 환경뿐만 아니라 사회 전체의 에너지 시스템과 관련 정책, 국민 안전 등에도 중대한 영향을 미친다. 이해 당사자가 광범할 뿐만 아니라 정치, 경제, 사회, 생태, 윤리 등 다양한 요소가 복잡하게 얽힌 고난도의 문제다. 성장의 한계를 설정하는 것과 마찬가지로 이런 일은 과학의 원리나 법칙, 혹은 기술적 효율성 등에 따라서만 결정할 수가 없다. 그래서도 안 된다. 정부의 정책 담당자와 전문가는 물론 지역 주민과 시민단체 등을 비롯해 모든 관련 당사자가 의사결정 과정에 참여해서 민주적으로 결정을 내려야 한다.

그렇다. 이 책의 여러 대목에서 언급되듯이 과학기술에서도 역시 중요한 것은 민주주의다. 바탕은 시민 참여다. 일반 시민이 정부와 기업, 전문가 등이 결정한 과학기술 정책의 홍보 대상이나 과학기술 산물의 단순한 소비자 역할을 하는 데 그칠 때가 많은 현실에서 이는 특별히 강조해야 할 점이다. 과학기술에서 민주주의가 잘 작동하면 과학기술이 안고 있는 위험을 줄일 수 있다. 과학기술이 일으키는 논란과 갈등을 지혜롭게 조정할 여지도 커진다. 또 그래야 과학기술이 선사하는 혜택을 사회 구성원 전체가 골고루 누릴 수 있다. 이렇듯 과학기술의 사회적 책임과 민주주의는 긴밀한 관계로 얽혀 있다.

자본주의 성장 체제에서 우리에게 요청되는 것이 '열린 기술'과 '지혜로서의 과학'이라는 건 두말할 나위도 없으리라. 출발점은 과학기술과 연관된 복합적인 관계와 맥락들에 대한 이해를 높이는 것이다. 언급했듯이 인간, 자연, 생명, 사회 등과 맺고 있는 관계를 명확히 인식하는 게 특히 중요하다. 벽은 허물고 다리는 놓아야 한다. 실험실에만 갇힌 과학기술은 죽은 과학기술이다. 생동하는 현실 세계와 만나고 섞이는 과학기술이 살아 있는 과학기술이다. 다른 것과 마찬가지로 과학기술도 때로는 과학기술의 '안'이 아니라 '밖'에서 보아야 더 잘 보이는 법이다.

반딧불이를 쫓는 아이들처럼

미국의 생태학자이자 진화생물학자인 데이비드 조지 해스컬은 《숲에서 우주를 보다》에서 숲속을 날아다니는 반딧불이를 관찰한 뒤 이렇게 썼다. "웃음을 터뜨리며 반딧불이를 쫓는 아이들은 곤충이 아니라 경이로움을 잡으려는 것이다. 경이로움이 성숙하면 경험을 한 꺼풀 벗겨 그 아래의 더 깊은 신비를 탐구하게 된다. 이것이야말로 과학의 궁극적 목적이다."

이런 경이로움과 신비는 어디서 오는가? 한계에서 온다. 세계 최고의 천재 바둑기사로 천하를 주름잡던 이세돌은 인공지능 바둑이 득세하면서 깊은 좌절감을 느끼고 은퇴를 선언했다. 그는 은퇴 이유를 밝히면서 이렇게 말했다. "예전에는 자부심이 있었다. 지금은 인공지능에 한 판도 이기지 못한다. (……) 나는 바둑을 처음에 예술로 배웠다. 둘이서 만들어가는 하나의 작품으로 배웠는데, 지금 인공지능에 과연 이런 게 남아 있는지……"

무한의 경지에 도달하고자 하는 과학기술은 한계 같은 걸 없애버린 지점까지 거침없이 나아갔고, 결국 바둑 세계도 집어삼켰다. 무시무시한 능력을 갖춘 바둑 인공지능은 끝내 무한을 손에 넣었다. 인간은 도저히 이길 수 없다. 하지만 그 바람에 바둑을 경이롭고 신비롭게 만들어주던 바둑 자체의 무한은 가뭇없이 사라졌다. '바둑의 절대 지존'이 탄생했지만, 역설적으로 바둑은 자신의 본바탕에서 멀어지면서 갈수록 왜소해지고 있다. 감동, 승리의 기쁨과 쾌감, 불꽃 튀는 승부사의 자존감, 손에 땀을 쥐게 하는 인간 드라마, 바둑 본연의 예술적 정체성……. 과학기술이 신의 자리에 오르자 바둑을 바둑이게끔 만들어주는 이런 것들은 찾아보기 어려워졌다. 한계가 사라지니 벌어진 일이다.

미국의 농부 철학자 웬델 베리는 《삶은 기적이다》에서 이런 비유를 든다. 만일 우리가 얕은 물을 건너고 있다면, 보이지는 않지만 물 밑에 징검돌이 있다고 가정하고 물을 건너도 괜찮다. 징검돌이 없다 해도 이런 데서는 물에 빠져 죽을 염려가 없어서다. 하지만 물이 깊고 물살이 빠른 경우라면 다르다. 징검돌이 있다는 것이 확실치 않다면 건너지 않는 게 현명하다. 무턱대고 뛰어들 것이 아니라 멈춤과 한계가 필요하다는 얘기다. 핵발전을 멈춰야 할 가장 중요한 이유가 이것이다. 늘 사고 위험을 안고 있는 데다, 인류는 아직 핵 폐기물을 안전하게 처리할 방도도 찾아내지 못했다. 위험의 규모는 다양하다. 우리는 위험을 감수할 때 예상되는 피해 가능성을 제한하기 위해 위험의 규모를 적절하게 잘 관리해야 한다. 규모를 통제할 수 없는 상황이라면 위험을 무릅쓰지 말아야 한다. 감수해서는 안 될 위험도 있고, 시도하지 말아야 할 실험도 있는 것이다.

한계가 왜 중요하고 또 필요한지는 장애(인)를 보는 관점에서도 확인할 수 있다. 만약 과학기술이 한계 없는 만능 해결사가 되는 방향으로만 질주한다면 장애는 해결해야 할 문제가 될 수밖에 없다. 장애를 그 질주에 방해가 되는 문자 그대로 '장애물'쯤으로 여기게 되는 것이다. 혹은 치료와 교정의 대상으로만 간주할 것이다. 이런 관점은 장애에 대한 편견과 장애인에 대한 사회적 차별을 더 키우는 결과를 낳기 쉽다. 장애는 어떻게든 없애야 할 '나쁜 것'이 된다. 장애인은 기껏해야 시혜와 동정이나 베풀어줘야 할 비정상인으로 치부된다. 물론 기술 발전은 장애인의 삶을 개선하는 데 소중한 역할을 할 수 있다. 그런 노력은 마땅히 기울여야 한다. 그렇지만 기술만이 장애 문제를 해소해 줄 거라는 편협한 사고방식은 장애를 둘러싼 현실을 은폐하거나 왜곡한다. 그 속에서 장애인들은 무기력하게 박제된다.

SF 소설가 김초엽과 변호사이자 작가인 김원영은 《사이보그가 되다》라는 책을 함께 썼다. 김초엽은 청각장애인이고 김원영은 휠체어를 타는 지체장애인이다. 이들은 책에서 장애(인)-사회-기술-인생의 관계를 둘러싼 이야기를 나눈다. 김초엽은 이렇게 말한다. "완전함에 도달하기 위한 기술이 아니라 불완전함과 함께 살아가는 기술, 그런 미래를 추구했으면 좋겠다." 장애를 없애는 기술보다 장애와 함께하는 기술이 더 중요하다는 것이다. 김원영도 맞장구친다. "고가의 퍼스널 모빌리티(1인용 이동수단)를 몸에 입고 걸어 다니는 사회보다는, 내가 휠체어를 타고도 개를 키우고 나이 드신 어머니의 병원 보호자가 되는 데 문제가 없는 기술이 더 많은 사회이기를 바란다."

생각해 보면 우리는 모두 잠재적인 장애인이다. 누구나 언제든 큰 사고나 재해를 당할 수 있다. 장애는 무슨 별스러운 게 아니다. 자연스러운 삶의 한 요소이자 형태다. 삶의 일부다. 장애인도 마찬가지다. 그냥 자연스러운 이웃이자 친구이자 동료 시민이다. 과학기술은 이 자명한 삶의 진실을 부정하려고 한다. 그러면서 장애를 극복하겠다며 자기 힘을 과시하려 든다. 한계를 없애려는 것이다. 앞에서 봤듯이 황우석이 과학 사기극을 벌이면서 허황하게 꿈꿨던 게 바로 이것이었다.

하지만 과학기술의 위력으로 장애를 모조리 뿌리 뽑은 세상보다 장애인과 비장애인이 오순도순 어울리며 살아가는 세상이 더 아름답지 않을까? "고통받는 몸, 손상된 몸, 의존하는 몸들을 환대하는 미래"(김초엽)가, 달리 표현하면 한계 안에서, 한계와 더불어 살아가는 것이 더 인간다운 삶에 가깝지 않을까? "우리의 불완전함은 때로 다른 세계로 가는 문을 열어"(김초엽) 주기도 하는 법이다.

한계 안에서 공생을

과학기술을 둘러싼 질문과 성찰은 첨단 기술일수록 더 무겁게 요청된다. 세상을 뒤바꿀 정도로 이들 기술이 미치는 영향력이 워낙 크고 넓어서다. 몇 가지만 살펴보자.

인공지능은 이미 대세다. 생활과 산업 곳곳을 파고들고 있다. 불가피할 뿐만 아니라 유용성도 크다. 하지만 천문학적인 양의 데이터에 기초한 컴퓨터 기계학습 방식의 산물인 인공지능이 무인 자동차 운행, 의료 진단이나 치료, 살상 무기 활용 등에서 만약 중대한 실수라도 저지른다면 어떻게 될까? 그 책임은 누가 져야 할까? 디지털 정보통신 기술도 다르지 않다. 이미 이 기술이 없는 세상은 상상할 수도 없다. 그렇지만 정보가 곧 낙

강한 권력이 되어버린 상황에서 사생활 침해, 감시사회 도래, 디지털 차별과 불평등 심화, 가짜 뉴스의 범람과 여론 왜곡, 빅 데이터의 과도한 상업적 이용 등과 같은 문제들은 어떻게 해야 할까? 생명공학도 그러하다. 생명공학의 거침없는 발전으로 이제 인간은 신의 자리마저 넘보고 있다. 인공의 기술로 생명을 창조하고 조작하는 길로 성큼성큼 들어서고 있다. 하지만 인위적 변형과 조작, 공학적 설계 등으로 만들어지는 생명이나 삶이란 어떤 것일까? 생명 본래의 정체성과 존엄성은, 우리 문명과 삶의 윤리적 토대는 어떻게 될까? 우주개발도 용처에 따라선 필요할 수 있다. 하지만 지구를 망가뜨린 판국에 우주마저 식민지로 삼아 착취하겠다는 욕심은 지나친 게 아닐까? 더 집중해야 할 일은 지금 우리가 사는 이 행성을 잘 보살피는 게 아닐까?

더 밀고 나가면 질문은 이렇게 이어진다. 인류는 과학기술의 발전 덕분에 지구 전체를 정복하고 지배할 힘을 거머쥐었지만, 과연 그 힘을 사려 깊게 사용할 지혜도 갖추고 있을까? 과학기술이 없애려고 하는 한계는, 그리고 이 한계에서 말미암은 고통과 결핍과 불편 등은 무조건 척결해야 할 '악'일까? 과학기술 발전에 힘입어 질병과 노화와 죽음이 사라지면, 인간의 성능을 끝없이 업그레이드하면, 자연과 우주의 비밀을 모조리 파헤치면, 생명의 섭리를 뒤흔들면, 그렇게 해서 원하는 모든 걸 손에 넣고 모두가 '완벽한 인간'이 되면 천국이 도래할까? 요컨대 인간을 인간이게 하는 것, 인간을 인간답게 만드는 건 과연 뭘까?

과학기술은 물건 만드는 법은 가르쳐줄 수 있다. 그러나 무엇을 왜 만들어야 하는지에 대한 답은 가지고 있지 않다. 그러므로 이제 우리가 해야 할 일은 과학기술의 파괴성과 폭력성은 제어하되 과학기술을 선용할 힘과 지혜를 기르는 것이다. 그럼으로써 과학기술을 둘러싼 관점과 패러다임의 전환을 이루어내는 것이다.

여기서 명심할 사항이 있다. 과학기술에 대한 비판적 성찰이 과학기술에 대한 지나친 부정이나 매도 같은 역편향에 빠져선 안 된다는 점이 그것이다. 현대 과학기술의 그늘이 짙다고 해서, 이 지구를 망가뜨린 주범이 인간의 문명이라고 해서 문명의 산물인 과학기술을 무턱대고 죄악시한다면 이는 매우 어리석은 일이다. 현대사회에서 과학기술은 공기나 물 같은 것이다. 우리는 과학기술을 떠나선 한순간도 살 수 없다. 관념적 낭만주의가 극단으로 치우친 반(反)과학주의는 퇴행적인 반(反)지성주의로 치달을 위험이 크다. 탈성장 주장이 가난하게 살자는 얘기가 아니듯 과학기술 비판이 문명을 거부하고 과거 원시시대로 돌아가자는 식의 얘기가 아님은 두말할 필요도 없다.

과학기술은 양날의 칼이다. 잘 쓰면 약이지만 잘못 쓰면 독이 된다. 칼은 음식을 만들 때 사용하면 소중한 요리 도구다. 하지만 사람을 죽일 때 사용하면 흉악한 살인 도구로 돌변한다. 우리는 과학기술이라는 칼을 어떻게 써야 할까?

앞에서 소개한 E. F. 슈마허와 앙드레 고르스의 이야기를 빌리자면 지혜로서의 앎이 이끄는 열린 과학기술은 더욱 고무하고 육성해야 한다. 문제 삼아야 할 것은 권력으로서의 앎과 결탁한 닫힌 과학기술이다. 실제로, 과학기술 발전으로 우리가 이룰 수 있고 또 해내야 할 좋은 일은 무수히 많다. 환경 분야에서는 온실가스 감축, 재생에너지 개발, 자원과 에너지 절약, 생태 보전, 오염 처리와 물질 재활용, 동물실험 대체 등과 관련된 기술 등을 대표적으로 꼽을 수 있다. 다른 분야들로 범위를 넓혀도 마찬가지다. 탈성장을 구체적으로 실천하는 과정이나 지속가능하고 정의로운 대안 사회를 만들어가는 데서 과학기술이 수행해야 할 역할은 막중하다.

인간과 생명의 가치를 존중하는 과학기술. 자연에 책임을 지는 과학기술. 사회적, 윤리적 요청에 귀 기울이는 과학기술. 우리가 일궈야 할 것은 이처럼 '인간의 얼굴'을 한 과학기술, 생명과 삶의 온기를 품은 과학기술이다. 이제 과학기술은 인간의 패권적인 자연 지배와 생명 파괴에서 벗어나 지구 자연의 질서와 생명의 목소리를 따르는 방향으로 나아가야 한다.

한계에 대한 성찰과 이에 기초한 겸손과 공생의 철학이야말로 이런 과학기술을 만들어 나가는 밑바탕이다. 한계가 지워진 완벽함, 이는 기계의 논리를 따를 때나 가능하다. 우리는 완성을 향해 부단히 걸어갈 뿐이다. 한계 속에서 이루어지는 기약 없는 여정이다. 한계가 있음을 깨닫고 그 사실을 받아들이는 것. 우리 삶과 문명을 안녕하고 평화롭게 가꿀 수 있는 비결 하나가 여기에 숨어 있다.

7장

환경에도 정의가 필요하다

환경정의란?

2010년대 초중반, 경남 밀양 송전탑 건설 사태로 사회 전체가 떠들썩했던 적이 있다. 마을 노인 두 명이 자살하는 등 커다란 희생과 갈등을 낳으면서도 고압 송전탑 건설을 강행한 것은 고리 핵발전소에서 생산한 전력을 멀리 떨어진 다른 곳으로 보내기 위해서였다. 송전탑에 연결된 고압 전선에서 발생하는 전자파는 사람 건강을 해치는 것으로 알려져 있다. 거대한 송전탑은 그것이 자리한 지역의 주민들에게 재산 피해를 일으킬 뿐 아니라 마을의 풍광 또한 흉물스럽게 망가뜨린다. 자신들이 쓰지도 않을 전기를 다른 지역으로 보내느라 송전탑 인근 지역 주민들이 겪는 피해는 막심하다. 전기를 가장 많이 쓰는 곳은 농사로 살아가는 이런 시골이 아니라 대도시와 산업 밀집 지역인데도 말이다. 이것이 정의로운가?

송전탑뿐만이 아니다. 쓰레기 처리장, 핵 폐기장, 공해 유발 산업체 등도 비슷하다. 아무도 달가워하지 않는 이런 시설들이 주로 들어서는 곳은 저소득층 거주지역이다. 하지만 에너지와 물건을 훨씬 많이 소비하고 쓰레기 또한 훨씬 많이 배출하는 곳은 대개 부유층 거주지역이다. 이것이 정의로운가?

'환경정의(environmental justice)'란 한마디로 환경 분야에서 정의를 실현해야 한다는 원칙을 말한다. 환경문제와 관련해 벌어지는 불의하고 불공정한 현실을 바로잡으려는 문제의식에서 비롯했다. 환경정의가 던지는 핵심 질문의 출발점은 두 가지다. 하나는 '환경이 파괴되거나 오염됐을 때 그것으로 말미암은 피해와 위험은 누구한테나 공평하게 나누어지는가?'다. 다른 하나는 그와는 반대로 '환경을 잘 보전했을 때 그것이 안겨주는 이득과 혜택을 누구나 공평하게 누리는가?'다. 답은 누구나 알듯이 '그렇지 않다'다. 대체로 피해나 위험은 가난하고 힘없는 약자들에게 떠넘겨진다. 반면에 이득과 혜택은 부유한 강자 집단이 차지한다. 혐오시설 입지가 잘 보여주듯이 말이다.

이런 현실에 맞서고자 하는 환경정의는 여러 차원과 맥락의 정의를 복합적으로 품고 있다. 크게 세 가지로 요약할 수 있다. 첫째는 분배적 정의(distributive justice)다. 이는 환경과 관련한 편익과 피해가 소득수준, 사회적 계급, 인종, 문화적 특성, 거주지역 등과는 관계없이 공평하게 분배돼야 한다는 것이다. 환경정의를 얘기할 때 일차적이고 핵심적으로 강조되는 사항이다.

둘째는 절차적 정의(procedural justice)다. 환경정의는 환경문제와 관련한 의사결정이 민주적인 시민 참여와 투명한 절차를 거쳐 이루어져야 한다고 강조한다. 지역 주민을 비롯해 관련 당사자 사이의 합의와 결정에 민주적으로 도달하는 것이 핵심이다.

셋째는 실질적 정의(substantive justice)다. 정의를 실현하는 데서 분배와 절차는 물론 중요하다. 하지만 이것만으로는 충분치 않다. 이 두 가지가 충족되더라도 근본적인 원인이나 구조의 문제는 남는 탓이다. 그래서 이 두 가지로 우리가 얻고자 하는 바가 무엇인지를 따져볼 필요가 있다. 이런 관점에서 궁극적으로 중요한 것은 모든 사람이 환경이나 건강 관련 위험으로부터 평등하게 보호받고 높은 환경의 질을 고르게 누리는 지속가능하고도 정의로운 사회를 만드는 일이다. 모든 인간의 보편적 환경권이 보장돼야 한다는 얘기다. 생태주의 가치는 이럴 때 오롯이 구현될 수 있다. 이것이 환경정의가 도달하고자 하는 실질적 정의다. 참된 환경정의는 이 세 가지가 조화와 균형을 이루며 통합될 때 이루어진다.

환경정의의 원칙이 적용돼야 할 경우는 다양하다. 계층 사이, 인종 사이, 지역 사이, 국가 사이 등이 대표적이다. 나아가 환경정의는 현세대와 미래세대 사이, 인간과 비인간 존재 사이의 형평성도 강조한다. 어린이·노인·여성·상애인 등을 비롯한 생물학적 약자를 배려하는 것도 중시한다. 요컨대 환경정의는 민주적인 절차와 과정을 거쳐 환경과 관련한 혜택과 피해의 공평한 배분을 이루고 이를 바탕으로 인간과 자연의 지속가능한 공존을 추구하는, 이론과 실천을 포괄하는 개념이라고 할 수 있다.

오늘날 환경정의는 환경문제를 다룰 때 꼭 고려해야 할 중요한 원칙으로 꼽힌다. 갈수록 불평등이 깊어가는 현실에서 관심의 초점을 약자에 두는 게 환경정의여서다. 그래서 환경정의 운동은 단순히 자연환경만 살리는 환경운동이 아니라 사람과 사회를 동시에 살리고, 그럼으로써 생태적으로 지속가능할 뿐만 아니라 정의롭고 평등한 세상을 만드는 환경운동을 중요하게 여긴다.

이것이 지니는 의미는 크게 두 가지 측면에서 살펴볼 수 있다. 먼저 환경운동과 사회운동의 결합이다. 환경정의 운동은 단지 좁은 의미의 생태적 전환만이 아니라 인권과 민주주의 등의 가치에 기초한 정의로운 사회변혁도 동시에 추구한다. 다음으로, 환경정의 운동은 기존의 주류 환경운동을 성찰하면서 새로운 대안을 제시한다. 기존의 전통적인 환경운동은 대체로 자연을 깨끗하게 보전하거나, 환경오염에 반대하거나, 일상생활에서 친환경적인 실천을 열심히 하는 것 등을 중시해 왔다. 하지만 지금의 거대한 생태 위기는 이런 차원의 환경운동으로는 해결하기 어렵다. 구조와 시스템을 바꾸고, 환경문제가 인간 사회에 일으키는 모순과 부조리도 함께 해결할 수 있어야 한다. 진정한 환경운동은 자연만 살리는 데서 끝나는 게 아니라 세상 전체를 바꾸는 일로 연결된다. 이런 점에서 환경정의 운동은 환경운동의 지평을 넓히고 그 의미를 심화하는 데 이바지할 수 있다.

오늘날 세상이 안고 있는 가장 중대한 두 가지 문제는 생태 위기와 불평등이라고 할 수 있다. 생태 위기는 인간 생존의 근원적 토대인 자연이 무너지는 일이고, 불평등은 인간 삶의 근본 조건인 사회 공동체를 파괴하는 주범이다. 환경정의 운동은 이 두 가지 문제의 동시적이고도 통합적인 해결을 꾀한다.

환경정의 운동이 걸어온 길

환경정의 운동은 어디서 시작됐을까? 미국이다. 미국에서 초기 주류 환경운동은 대체로 백인 중산층이 주축이 되어 주변 환경이나 야생 동식물을 보호하는 활동 중심으로 펼쳐졌다. 이들의 주요 관심사는 환경오염이나 파괴가 일으키는 일반적인 악영향이었다. 반면에 환경문제로 직접 피해를 보는 사람들에 대해선 상대적으로 소홀했다. 특히 오염을 일으키는 시설들의 입지가 공간적으로 공평하지도, 균등하지도 않다는 점은 주목하지 않았다.

이에 새로운 문제의식이 싹트게 되었다. 초점은 환경파괴와 오염으로 발생하는 피해가 추상적인 인간 전체가 아니라 특정 지역이나 인종, 계층 집단에 집중된다는 데 맞추어졌다. 그중에서도 특히 혐오시설들이 주로 흑인을 비롯한 소수 인종집단과 저소득층 거주지역, 투표율이 낮은 지역 등에 몰려 있다는 사실이 도마 위에 올랐다. 혐오시설 입지를 결정하는 요인이 환경적 안전성이 아니라 사회경제적, 정치적 권력이라는 점이 드러난 것이다. 이를 계기로 환경운동에서도 인종차별 등과 같은 부정의(injustice) 문제를 직시하고 이를 해결하자는 흐름이 생겨나기 시작했다.

시점으로 보면 1970년대 중반 이후 저소득층과 흑인이 모여 사는 지역의 대기오염이 백인 거주지역보다 훨씬 심하다는 연구조사 결과가 발표되면서 환경정의에 대한 관심이 높아졌다. 1980년대 들어 유해 폐기물 처리시설이 흑인과 소수 인종집단, 저소득층이 사는 곳에 편중돼 있다는 것이 다시금 공분을 일으키면서 환경정의 움직임은 갈수록 활발해졌다. 그 와중에 커다란 사건이 터졌다. 1982년 미국 동부 노스캐롤라이나주의 워런 카운티에서 발암물질을 처리하는 쓰레기 매립장이 들어서는 데 반대하며 시위를 벌이던 흑인들이 500명이나 체포되는 사건이 벌어진 것.

1985년에는 다국적 화학기업인 유니언카바이드 사가 웨스트버지니아주의 어느 도시에 유독물질을 쏟아내는 바람에 주로 흑인으로 이루어진 135명의 주민이 병원에 실려 가는 사건이 발생하기도 했다. 유니언카바이드는 1984년 인도에서 보팔 참사를 일으킨 기업으로 악명이 자자했기에 파장이 더 컸다. 보팔 참사는 이 기업이 운영하는 인도 보팔의 화학공장에서 유독가스를 대량으로 누출해 수많은 희생자를 낳은 20세기 최악의 환경 재앙 가운데 하나로 꼽히는 사건이다. 한편 미국 환경청 발주로 시행된 한 연구에서는 25개의 인디언 보호구역 인근에 1,200여 개에 이르는 위험한 쓰레기 처리장이 있다는 사실이 밝혀지기도 했다. 이처럼 미국에서 환경정의 운동은 대체로 '환경 인종주의(environmental racism)'와 관련해서 펼쳐졌다.

분수령이 된 것은 1991년 10월, 워싱턴 D.C.에서 열린 제1차 전국 유색인종 환경 지도자 정상회담이었다. 이 자리에는 미국 전역 50개 주의 650명에 이르는 환경 지도자가 참석하여 '환경정의 17개 원칙'을 공표했다. 여기에는 생태주의의 일반적 원칙 외에도 공공 정책에서 정의 실현과 차별 및 편견 배제, 모든 인류의 환경 결정권 옹호, 유해 폐기물과 핵 물질 등으로부터의 보편적 보호, 이해 당사자들의 의사결정 참여 등과 같은 중요한 내용이 담겼다. 이 회의를 계기로 환경정의는 세계적으로도 큰 주목을 모으게 되었고, 그 뒤 정부 정책은 물론 학술 연구 분야 등에서도 구체적인 성과들이 잇따라 나왔다.

이런 흐름 속에서 미국 정부도 움직이지 않을 수 없었다. 1990년대에 접어들면서 미국 정부는 정책 수립과 실행에서 환경정의의 원칙을 중요하게 고려하기 시작했다. 특히 미국 환경정책을 총괄하는 연방 환경청에 '환경정의국'이라는 부서를 별도로 두면서 본격적으로 환경정의 정책을 실천에 옮겼다. 이에 따라 각 정부 부처에서 환경정의 가이드라인을 수립하는가 하면 환경정의를 위한 시민교육, 시범 사업, 관련 지표 개발 등과 같은 다채로운 활동이 펼쳐졌다. 2000년대 들어 보수적인 조지 W. 부시 행정부가 출범하면서 환경정의 정책이 퇴색하기도 했지만, 이런 과정을 거치면서 환경정의 담론과 운동은 세계 각지로 퍼져나갔다.

기후위기의 '기울어진 운동장'

지구촌 최대 환경현안인 기후위기와 환경정의의 관계는 어떻게 될까? 최근 기후위기 대응에서도 환경정의의 관점이 갈수록 더 강조되고 있다. 이것을 일컫는 말이 이른바 '기후정의'다. 기후위기에서 나타나는 부정의와 불평등은 환경정의의 다른 영역에서와 마찬가지로 다차원적인 구조를 이룬다. 국가 차원에서는 선진 산업국(강대국) 대 개발도상국(약소국), 계급 혹은 계층 차원에서는 부유층 대 빈곤층, 세대 차원에서는 현세대 대 미래 세대, 생물종 차원에서는 인간 대 비인간 존재 등을 두루 아우른다.

잘 알다시피 기후위기를 일으킨 주범은 그간 온실가스를 마구 내뿜어 온 선진 산업국들이다. 예컨대 세계 인구의 20%에 불과한 선진 산업국 사람들이 지구 전체 에너지와 자원의 80%를 소비한다. 기후위기의 역사적 책임을 밝히는 데 도움이 되는 산업화 이후 최근까지(1750~2020년) 이산화탄소 누적 배출량 국가 순위는 기후위기를 둘러싼 불평등 현실을 더 또렷이 보여준다. 1위는 25%의 미국이고, 유럽 지역 전체가 31%다. 현재 시점에서 온실가스 배출량 1위인 중국은 14%다. 반면 아프리카는 2.8%에 지나지 않는다. 산업화를 먼저 이루면서 오랫동안 세계를 쥐락펴락해 온 서구 선진 산업국들과 오늘날 '세계의 공장'이라 불릴 정도로 빠른 경제성장을 이룬 중국 등이 여태껏 배출된 지구 전체 온실가스의 약 70%를 내뿜어 온 것이다. 현재 시점의 배출량도 사정은 비슷하다. 이산화탄소 배출량 상위 10개 나라가 세계 전체 배출량의 67%를 차지한다. 200개에 이르는 나머지 나라들의 배출량은 모두 합쳐도 33% 정도에 불과하다.

이렇게 해서 선진 산업국들은 경제성장과 물질의 풍요를 먼저 이루었고 그 열매를 즐기고 있다. 이에 견주어 개발도상국들은 이제 좀 잘살아 보겠다고 경제발전을 이루려 애쓰고 있다. 한데 기후위기가 깊어지면서 그만 모든 나라가 온실가스 배출량을 줄이지 않으면 안 되는 처지에 놓이게 되었다. 선진 산업국들이 저질러 놓은 일의 책임을 수많은 나머지 나라도 함께 지게 된 것이다. 더 어이없는 일은 온실가스 배출이 미미한 가난한 나라들이 기후위기 피해의 직격탄을 맞고 있다는 점이다. 지구온난화가 일으키는 해수면 상승으로 국토 자체가 바닷속으로 가라앉고 있는 투발루, 키리바시 같은 자그만 섬나라들이 단적인 사례다. 이들 나라 사람들은 이렇게 항변한다. "우리한테 무슨 죄가 있죠? 기후위기를 일으킨 건 잘사는 선진국들인데, 그 피해는 왜 가난한 우리가 뒤집어써야 합니까."

동남아시아, 남아시아, 아프리카, 라틴아메리카 등지도 마찬가지다. 독일의 비영리기구 저먼워치(Germanwatch)가 해마다 발표하는 '글로벌 기후위험 지수' 보고서에 따르면 2000~2019년 기간에 기후위기에 가장 취약했던 10개국이 모두 이들 지역 나라다. 1위부터 순서대로 푸에르토리코, 미얀마, 아이티, 필리핀, 모잠비크다. 그 뒤를 바하마, 방글라데시, 파키스탄, 태국, 네팔이 잇는다. 이 나라들에서 매년 평균 1만 명 정도가 극단적인 이상기후 현상으로 목숨을 잃는다.

이런 판국에 온실가스 배출에 큰 책임이 있는 강대국들은 국제회의를 비롯해 기후위기와 관련된 세계적인 정책 결정 과정에서도 강력한 영향력과 권한을 행사한다. 이들은 이런 힘을 자신들의 책임을 줄이거나 회피하는 데 십분 활용한다. 이렇듯 기후문제와 관련한 국제적 의사결정에서도 부정의와 불공평이 심각하기는 매일반이다. 게다가 이들 나라는 기후위기 대응에 필요한 자금, 기술, 시설 등도 압도적으로 많이 보유하고 있다. 위기를 일으킨 주범들이 피해는 다른 데로 떠넘기면서 자기들에게 미치는 악영향은 최소화할 수 있는 능력을 갖추고 있는 것이다.

부유층과 빈곤층 사이의 온실가스 배출량 차이는 얼마나 될까? 유엔환경계획(UNEP)이 2020년 12월에 공개한 보고서에 따르면, 세계에서 가장 부유한 사람들 1%의 온실가스 배출량이 소득 하위 50%에 해당하는 사람들 전부의 배출량보다 두 배 이상 많다. 국제구호개발기구 옥스팸(Oxfam)이 2020년 9월에 발표한 보고서는 세계 상위 10%의 부유층 사람들이 세계 전체 이산화탄소 배출량의 52%, 최상위 1%는 전체 배출량의 15%를 차지한다고 밝혔다. 반면 저소득층 하위 50% 사람들이 차지하는 비중은 전체 배출량의 7%에 지나지 않았다.

우리나라 상황도 어슷비슷하다. 그린피스에 따르면 우리나라 부유층 상위 1%의 연간 1인당 이산화탄소 배출량은 하위 50%의 26배에 이른다. 상위 10%로 넓히면 하위 50%의 8배다. 이처럼 기후위기의 운동장은 크게 기울어져 있다. 이것이 정의의 눈으로 보면 알게 되는 기후위기의 민낯이다.

인구문제도 비슷한 맥락에서 짚어볼 수 있다. 많은 사람이 식량 부족, 자원 고갈, 생태 위기 등을 일으키는 주요 원인이 인구 증가라고 주장한다. 그 와중에 특히 인구 증가율이 높은 아시아, 아프리카, 라틴아메리카 지역 사람들에게 비난의 화살이 쏟아지곤 한다. 마치 이들이 지구를 망치는 주역이기라도 한 양 말이다. 이게 타당한 얘기일까? 세계 전체를 볼 때 이들 나라에 인구가 많은 편이고 지나친 인구 증가가 바람직하지 않다는 건 사실이다. 하지만 여기서도 전 세계 자원과 에너지 대부분을 소비하는 건 잘사는 선진 산업국들과 부유층이라는 사실이 분명히 환기돼야 한다. 지구의 건강과 안녕은 단지 지구상에 살아가는 사람의 수로만 결정되는 게 아니다. 과연 지구에 기생하면서 자원과 에너지와 식량을 필요 이상으로 과잉 소비하는 인간들은 누구인가? 그럼으로써 이 지구를 한도 이상으로 혹사하고 착취하는 자들은 누구인가?

북극곰에서 기후난민으로

2005년 8월, 초대형 허리케인 카트리나가 미국 남동부 지역을 강타했다. 그 충격으로 이 지역 주요 도시 가운데 하나인 뉴올리언스를 보호하던 제방이 무너지고 말았다. 도시는 삽시간에 물바다로 변했다. 도시 전체의 80%가 침수됐다. 공식 사망자만 1,500명이 넘었다. 그런데 사망자 대다수는 대피 경고를 받았음에도 자가용 등 교통수단이 없어 신속하게 대피할 수 없었던 흑인들과 빈곤층이었다. 침수 지역 주민 중 80%가 흑인을 비롯한 유색인종이었고, 피해를 겪은 빈곤층의 70%가 흑인이었다고 한다. 이후 복구 과정에서도 이들은 계속 소외당하면서 차별 대우를 받았다. 빈곤층 시민의 고단한 삶은 재난 전이나 후나 다를 게 없었다.

2012년 10월에는 허리케인 샌디가 뉴욕을 휩쓸었다. 정전 사태로 맨해튼은 암흑에 잠겼다. 인적이 끊긴 것은 물론 차량 통행도 멈췄다. 하지만 재난에도 아랑곳없이 여전히 환한 빛을 내뿜는 곳이 한 군데 있었다. 세계적 투자은행 골드만삭스 본사 건물이었다. 골드만삭스는 허리케인이 닥치자 거대한 콘크리트 바리케이드와 수만 개의 모래주머니로 건물을 에워싼 뒤 사설 발전기를 가동했다. 대다수 시민은 추위와 공포에 떨었다. 특히 빈곤층은 속수무책이었다. 하지만 허리케인의 급습은 골드만삭스 입장에서는 딴 세상에서 벌어진 남의 일에 지나지 않았다. 튼튼한 '방패'로 무장한 그들은 재난의 소용돌이 속에서도 끄떡없이 세계 금융시장을 주물럭거렸다.

기후위기는 이렇듯 계급, 계층 사이의 전선을 가른다. 기후위기는 인류 모두에게 차별 없이 닥치는 듯하지만 기후위기의 영향을 실제로 누가 얼마나 어떻게 받는지는 크게 다르다. 기후위기 탓에 부쩍 늘어나고 있는 여름철 폭염도 마찬가지다. 폭염의 희생자는 주로 야외에서 일하는 노동자나 농민, 쪽방이나 비닐하우스 거주자, 혼자 사는 노인 등이다. 모두 사회경제적, 생물학적 약자들이다. 이들이 생활하거나 일하는 곳에는 에어컨 같은 냉방시설이 제대로 갖춰져 있지 않다. 폭염이 덮치면 위험에 빠질 수밖에 없다.

왜 가난한 이들이 기후재앙에 더 취약할까? 세계적으로 볼 때 가장 큰 이유는 이들의 삶이 자연의 영향을 크게 받는 탓이다. 이들의 생계유지나 생활 방식은 자연에 더 직접적이고 크게 의존할 때가 많다. 가령 인도에서는 기후위기로 말미암은 극심한 가뭄으로 지난 30여 년 동안 6만 명에 가까운 농민이 스스로 목숨을 끊었다. 농작물 피해가 커지고 그에 따라 빚도 늘어나 먹고살기가 너무 고달파진 결과 빚어진 비극이다. 기후변화로 숲이 훼손되고, 강수량이 줄어들어 논밭이 황폐해지며, 태풍이 닥칠 때마다 강물이나 바닷물이 넘치는 지역에서 살아가는 세계 각지 사람들의 신세도 크게 다르지 않다.

세대 사이라고 다를까. 에너지 소비가 선사해 주는 이득과 혜택을 누리는 건 현세대다. 하지만 그 바람에 발생한 기후위기의 피해와 그 피해에 대응하는 데 필요한 비용 부담 등의 수고는 지금의 기후위기에 아무런 책임도 없는 미래세대 몫으로 전가된다. 시야를 더 넓히면 인간과 다른 생물종 사이에도 어김없이 불공평 문제가 도사리고 있다. 충분하든 부족하든 사람은 어쨌거나 나름대로 기후위기에 대처할 수 있는 수단이나 자원을 갖추고 있다. 하지만 다른 동식물은 기후위기의 타격을 맨몸으로 당할 수밖에 없다. 수많은 생물종이 멸종위기로 내몰리는 걸 보라. 기후위기를 일으킨 건 전적으로 인간인데 그 피해는 다른 동식물에게 훨씬 더 크게 돌아가는 것이다.

한편으로, 가장 널리 쓰이는 에너지인 전기를 소비하는 방식도 정의의 관점에서 따져볼 필요가 있다. 앞에서도 거론했지만,

거대한 위험을 안고 있는 핵발전소에서 생산한 전기를 가장 많이 소비하는 곳은 수도권을 비롯한 인구 밀집 지역과 공장 등이 몰려 있는 산업지대다. 원전이 제공하는 이득과 혜택을 가장 많이 누리는 곳은 이들 지역이지 원전이 들어선 지역이 아니다. 전기를 생산하는 지역과 소비하는 지역이 일치하지 않는 것이다. 원전 지역 주민들은 자기들이 별로 쓰지도 않는 전기를 생산하느라 커다란 위험과 불이익을 떠안은 채 살아가고 있다. 우리가 전기를 생산하고 소비하는 방식은 이렇듯 누군가의 피해와 고통을 바탕으로 한 '희생의 시스템' 위에서 유지되고 있다고 해도 과언이 아니다.

　기후위기에는 이처럼 불평등한 권력 문제가 다층적으로 얽혀 있다. 자연의 문제인 동시에 사회문제이고 정치문제다. 생명권, 생존권, 건강권, 주거권 등이 얽힌 인권문제이기도 하다. 최근 들어 기후난민을 기후위기의 상징으로 삼자는 얘기들이 자주 나오는 것도 이와 연관이 깊다. 그동안은 녹아내리는 얼음 위에서 안절부절못하는 북극곰 같은 것을 흔히 내세워 왔다. 그러니까, 인간이 아닌 다른 동물보다는 사람이 직접 겪는 일을 앞세우는 것이 기후위기의 심각성을 인식하고 또 알리는 데 더 효과적이라는 문제의식이 높아지고 있다는 얘기다.

　기후난민은 기후재앙의 직격탄을 맞아 자기 의사와는 무관하게 삶터에서 밀려나는 사람들이다. 유엔(UN)은 이미 바닷물 상승과 이상 태풍 등으로 전체 인구 1억 6,000여만 명인 방글라데시에서 2050년까지 2,000만 명에 이르는 기후난민이 발생할 것으로 예측한 바 있다. 이 나라는 인도양으로 흘러드는 강어귀 삼각주에 자리 잡고 있어 바닷가 저지대를 많이 끼고 있다. 해수면 상승에 취약할 수밖에 없다. 만약 해수면이 계속 상승한다면 방글라데시 영토의 20%가 앞으로 30년 안에 사라진다. 세계 전체로는 2억 5,000만 명의 기후난민이 발생할 것으로 추정된다. 이미 난민의 대표 격인 전쟁난민보다 기후난민을 포함한 환경난민이 더 많아졌다는 분석이 나올 정도다.

난민 급증 사태가 보여주듯 기후위기는 인류가 이전에는 겪어보지 못한 새로운 종류의 고통을 낳고 있다. 그 와중에 불평등 재난 또한 무서운 기세로 독버섯처럼 자라나고 있다. 예컨대 2019년 유엔의 빈곤·인권 특별보고관 필립 올스턴은 기후위기가 '기후 아파르트헤이트(Climate Apartheid, 기후 분리 정책)'를 불러와 빈부격차를 더욱 심화시키리라고 전망했다. 그는 보고서에서 "부자들은 폭염이나 기아 등 재난을 피하려고 돈을 지불하고, 나머지 세계는 극심한 고통을 겪는 기후 아파르트헤이트 시나리오의 위험에 처했다"라고 경고했다. 기후재난이 깊어질수록 음식이나 물 등을 쉽게 구하기 어려운 빈곤층부터 희생될 거라는 얘기다. 칠레의 첫 여성 대통령이었던 미첼 바첼레트 유엔 인권최고대표가 "기후위기는 제2차 세계대전 이래 최악의 인권 위협이다"라고 밝힌 것도 이런 맥락에서다. 인권 전문가인 조효제 성공회대 교수가 예측하듯이 기후위기를 경험하는 불평등 정도를 판별하는 '기후 지니계수' 같은 지표가 머잖아 등장할지도 모른다. 이 모두가 기후위기를 이겨내는 싸움의 선두에 기후정의의 깃발을 내걸어야 할 이유다.

기후정의의 깃발

기후위기의 근저에 깔린 부정의와 무책임의 시스템을 바로잡는 데서 관건은 선진 산업국과 부유층 등 기후위기의 주범들이 자신들의 책임과 의무를 다하는 것이다. 이는 도덕적 당위가 아닌 현실적 관점에서도 매우 중요하다. 온실가스 배출을 줄이려면, 또 기후위기가 일으키는 피해에 대처하려면 막대한 돈과 기술이 필요하다. 선진 산업국들이 이런 걸 많이 가지고 있으니 이들이 감당해야 할 몫이 클 수밖에 없다. 이들의 책임이 자기 나라의 온실가스 배출을 줄이는 데서 끝나선 안 된다. 물론 기후위기는 인류 전체의 공동문제다. 그러나 그 책임의 정도와 맥락은 크게 다르다. 이 전제 위에서만 지구 기후위기의 올바른 해결책을 찾을 수 있고 국제적 차원에서 기후정의를 세울 수 있다.

그런데도 선진국들의 태도는 미적지근하기만 하다. 여론에 밀려 자신들의 책임을 마지못해 인정하는 척하면서도 실질적인 행동에는 좀체 나서지 않는다. 2022년 이집트 샤름 엘 셰이크에서 열린 제27차 유엔기후변화협약 당사국총회(COP27)에서도 그랬다. 기후위기로 개도국들이 겪은 '손실과 피해'를 복구하기 위한 기금을 만든다는 데 합의가 이루어지긴 했다. 책임지기 싫어 반대하는 선진국들과 절박한 처지에서 목소리를 높인 개도국들이 맞부딪치면서 간신히 도달한 결론이었다. 하지만 선진국들은 극구 법적 책임을 지는 건 아니라고 발뺌하기에 바빴다. 누가 얼마를 어떤 방식으로 부담할지, 어떤 피해를 어느 시점부터 보상할지 등 구체적인 방법이 정해지지도 않았다. 제대로 실행될 수 있을지를 둘러싸고 우려의 목소리가 높아지는 까닭이다.

그렇다면 가난한 나라나 개도국들은 어떻게 해야 할까? '우리도 잘살아 보세!'라고 외치며 선진국들이 여태껏 그랬던 것처럼 온실가스를 마구 내뿜으면서 산업화의 고속도로를 질주하면 될까? 그건 아닐 터이다. 그리되면 지구가 훨씬 더 위태로워지는 건 물론이고 종국에는 그 나라들 자신도 피해를 보게 된다. 그러므로 이런 나라들도 이제는 경제적 발전을 추구하더라도 새로운 길을 가야 한다. 앞의 탈성장 이야기 등이 참고가 될 것이다.

　결론은 부유한 선진국들부터 앞장서서 자신들의 책임에 걸맞게 온실가스 배출을 크게 줄이되, 동시에 개도국들도 이에 점차 동참하고 선진국들은 이들에게 자금과 기술 등을 대폭 지원해 이런 노력을 적극적으로 도와야 한다는 것이다. 이것이 기후정의 원칙에 따른 현명한 기후위기 대응책이다. 1992년 유엔 기후변화협약에서 천명됐고 2015년 파리 기후변화협정에서도 다시금 강조된 바 있는 원칙인 '공동의, 그러나 차별화된 책임(Common, but Differentiated Responsibility)'이 가리키는 것도 이것이다.

　선진 산업국들이 이 책임을 다하려면 온실가스 배출을 줄이는 데서 그쳐선 안 된다. 기후위기로 이미 발생한 부정적 결과를 줄이는 일로까지 확장해야 한다. 기후위기 대응책에는 크게 두 가지가 있다. 하나는 '감축(저감 혹은 완화, mitigation)'이다. 온실가스 배출을 줄이거나 흡수하는 것이다. 다른 하나는 '적응(adaptation)'이다. 변화하는 기후 시스템에 맞추어 기후위기가 일으키는 피해나 위험을 줄이고 유익한 기회는 촉진하는 것을 말한다. 기후위기로 피해를 본 가난한 나라들이나 빈곤층에 대한 지원, 사회기반시설 구축, 재난 대비 시스템 확충 등과 같은 다양한 재정적, 기술적 방안이 여기에 해당한다. 기후정의 원칙은 감축뿐만 아니라 적응에도 관철돼야 한다. 기후위기 피해 해결과 기후위기 극복에 필요한 여러 자원이나 역량을 공평하게 부담하는 것이 핵심이다. 이 과정에서 개도국들이 안고 있는 이중고통의 문제, 곧 빈곤 극복과 기후위기 대응을 동시에 추진해야 하는 처지를 세심하게 고려하는 것도 중요한 일이다.

지구 기후위기에서 우리나라의 책임은 어느 정도나 될까? 우리나라는 2022년 기준 온실가스 배출량 세계 11위다. 1인당 배출량만 따지면 경제협력개발기구(OECD) 38개 회원국 가운데 7위에 이른다. 1750년에서 2020년까지 역사적 누적 배출량 비중은 1% 정도다. 얼핏 작아 보인다. 하지만 이는 하위 129개 나라의 누적 배출량을 모두 합한 것과 같다. 순위로도 세계 17위에 이른다. 30년 전만 해도 30위권 밖이었다. 전체적으로 볼 때 지구 기후위기에 우리나라도 커다란 책임이 있으며, 이 책임은 갈수록 무거워지고 있다.

한 나라 안에서는 어떻게 해야 할까? 수많은 방안이 있겠지만, 일테면 스위스에서 시행하는 '탄소배당(CO₂-Dividend)' 정책은 시사하는 바가 크다. 스위스는 2008년부터 난방용 화석연료에 탄소부담금을 부과하는 정책을 펼치고 있다. 이 부담금은 기후위기를 맞아 정부가 정한 연도별 온실가스 감축 목표치를 달성하지 못했을 때 부과된다. 기후재난 시계가 갈수록 급박하게 돌아가면서 해마다 감축 목표치도 오르고, 이산화탄소에 매겨지는 1톤당 부담금 액수도 높아지고 있다. 2008년 도입 당시 톤당 12스위스프랑(약 1만 5,000원)이던 것이 2018년부터는 96스위스프랑(약 12만 원)까지 올랐다. 스위스는 이렇게 마련한 부담금 수입 중 3분의 2를 모든 국민에게 '탄소배당'으로 환급한다. 나머지인 3분의 1은 건물이나 주택의 에너지 개량 사업과 재생에너지 확대 사업에 사용한다. 배당금액은 이산화탄소 배출량에 따라 해마다 달라진다.

주목할 것은, 부담금은 이산화탄소 배출량에 비례해 많이 배출한 사람은 많이 내고 적게 배출한 사람은 적게 내지만 배당금은 모든 국민에게 균등하게 배분한다는 점이다. 일종의 기본소득인 셈이다. 고소득층은 에너지를 많이 쓰므로 납부한 부담금보다 탄소배당을 적게 받는다. 반면에 에너지를 적게 쓰는 저소득층은 납부한 부담금보다 더 많은 탄소배당을 받는다. 이렇게 해서 스위스는 기후위기도 극복하고 분배 정의도 실현하는 일석이조의 효과를 거두고 있다. 지구도 살리고 불평등도 줄이는 창의적 시도라는 점에서 이 정책은 세계적으로 높은 평가를 받고 있다. 이런 종류의 아이디어가 더욱 다양하게 개발되고 널리 실행될수록 기후정의와 환경정의의 깃발은 한층 더 힘차게 펄럭일 것이다.

제국주의는 끝났을까? 아니다. 방식과 형태를 달리하면서 지금도 여전히 계속되고 있다. 환경정의 이야기에서 또 하나의 중요한 주제인 '환경 제국주의' 문제가 대표적이다.

큰 틀에서 보면 지금의 세계화 경제 시스템 자체가 제국주의의 속성을 강하게 띤다고 할 수 있다. 세계화 경제 아래서 이른바 선진국들은 자기 나라 안에서는 환경을 개선하려고 애쓰면서도 자신들이 풍요와 안락을 즐기는 데 필요한 환경파괴와 자원 착취는 가난하고 힘없는 나라로 떠넘기고 있어서다. 부유한 선진국들은 대개 개도국들로부터 원자재를 값싸게 수입해서 그것을 가공해 높은 경제가치를 지닌 상품을 만든 뒤 그 상품을 개도국으로 비싼 값에 다시 수출해 막대한 이익을 챙긴다. 반면에 개도국들은 큰 피해를 보게 된다.

이는 선진국에 거점을 둔 거대 다국적기업들이 개도국들에서 자원을 캐내고 대규모 농장(플랜테이션)이나 목초지를 개발하는 과정 등에서 특히 적나라하게 드러난다. 개도국이 당하는 전형적인 피해는 이런 것들이다. 땅이 파헤쳐지고 숲이 파괴된다. 온갖 쓰레기와 독성물질이 토양과 하천을 오염시킨다. 자연뿐만이 아니다. 현지 주민들도 희생될 때가 많다. 대규모 광산이나 농장 개발 과정에서 마을 전체가 사라지는가 하면 주민들이 삶터에서 강제로 쫓겨나기도 한다. 졸지에 삶의 터전을 잃고 생계수단을 빼앗긴 이들은 어떻게든 먹고살 방도를 찾아야 한다. 그 결과 저임금과 거친 노동이 기다리는 농장이나 광산에서 일자리를 구해야 하는 처지로 내몰리기 일쑤다. 자연에 기대어 오랫동안 자급자족 생활을 꾸려오던 이들이 보잘것없는 임금 노동자 신세로 전락하는 것이다. 이처럼 수많은 개도국 사람이 고통에 시달리는 반면 선진국 거대 자본들은 그 고통을 발판 삼아 막대한 이득을 취한다. 제국주의의 '신자유주의 세계화 버전'이라 할만하다.

환경 제국주의의 가장 두드러진 형태는 공해 산업과 독성 폐기물 이전이다. 선진국들은 깊어가는 자기들 나라의 환경오염, 이에 따른 환경운동 단체들과 시민의 저항, 갈수록 늘어나는 폐기물 처리비용 등 여러 문제에 시달린다. 이를 해결하기 위한 방책 가운데 하나가 오염 산업이나 독성 폐기물을 개도국으로 이전 혹은 수출하는 것이다. 바탕에 깔린 것은 자본의 이윤 논리다. 폐기물 처리비용뿐만 노동자 임금 등 생산비용이 적게 들고 거추장스러운 환경이나 노동 관련 규제가 느슨한 곳을 찾아가는 것은 자본의 본성이다. 플라스틱 쓰레기와 전자 쓰레기는 이런 식의 환경 제국주의를 날것으로 보여준다.

예컨대 베트남 하노이 외곽에 있는 민 카이라는 마을을 보자. 프랑스 인류학자 미카엘라 르 뫼르는 《당신의 쓰레기는 재활용되지 않았다》라는 책에서 전 세계 플라스틱 쓰레기가 모이는 이 마을의 실체를 파헤쳤다. 이곳 주민 대다수는 플라스틱 쓰레기를 해체하고 분류하고 재가공하는 일에 종사한다. 먹고살기 위해서다. 하지만 극심한 환경오염이 마을을 뒤덮고 있다. 소각이나 매립 등 쓰레기를 처리하는 과정에서 오염 물질들이 많이 나오는 탓이다. 주민들의 건강이 온전할 리 없다. "난 이제 땅도 없고 아무것도 없어." "암에 걸릴까 봐 걱정돼요." 주민들의 탄식이자 하소연이다. 쓰레기를 처리하는 마을에서 사람마저 쓰레기로 전락하고 있는 것이다.

문제는 여기서 그치지 않는다. 불평등이 뿌리내렸고, 지역 공동체는 무너졌으며, 민주주의는 망가졌다. 한쪽에서는 다수의 '재활용 프롤레타리아'가 위험하고 불결하기 짝이 없는 쓰레기 더미나 재활용 작업장에서 구슬땀을 흘린다. 이 일을 하지 않으면 당장 굶어 죽지만 이 일을 계속하면 서서히 병들어 죽어갈 사람들이다. 반면에 다른 한쪽에서는 부패한 결탁으로 이루어진 소수의 '쓰레기 마피아'가 쓰레기 재활용 사업으로 부와 권력을 챙긴다. 이것이 친환경이라고 알려진 플라스틱 쓰레기 재활용 산업으로 생계를 유지하는 민 카이 마을의 모습이다.

그렇다면 이처럼 '나쁜 쓰레기'가 나라 사이를 오가는 것을 막아야 하지 않을까? 그런 국제법이나 협약 같은 걸 만들어야 하지 않을까? 맞다. 사실은 이미 오래전부터 이런 쓰레기의 국제적 이동은 금지돼 있다. 1989년에 채택된 뒤 1992년부터 공식 발효된 바젤협약에 따른 것이다. 바젤협약이란 선진국에서 발생한 유해 폐기물을 개도국으로 몰래 수출하거나 팔아넘기는 등의 행위를 금지하는 국제환경협약이다. 유해 폐기물이 일으키는 지구적 환경오염을 막는 게 목적이다. 우리나라를 포함해 약 190개에 가까운 나라가 가입했다. 한데 유독 미국을 비롯한 몇몇 나라만 가입하지 않고 있다. 지난 2019년에는 플라스틱 쓰레기가 급증하는 최근 현실을 고려하여 이 협약의 규제 대상에 선별 과정을 거치지 않은 혼합 플라스틱도 넣었다. 미국은 여기에도 동의하지 않았다.

　쓰레기의 국제적 거래가 횡행하는 이유는 돈벌이가 되기 때문이다. 가령 전자 쓰레기 가운데 일부는 잘만 손질해서 재가공하면 완제품으로 다시 사용할 수도 있고, 쓰레기에서 뽑아낸 부품들 또한 톡톡히 재활용할 수 있다. 전자 제품 대부분에는 금, 은, 구리, 크롬, 아연, 니켈 같은 값나가는 금속 물질이 들어 있다. 짭짤한 돈벌이 수단으로 이용하고픈 유혹을 떨치기 어렵다. 골치 아픈 쓰레기를 값싸고 손쉽게 다른 곳으로 떠넘기려는 선진국 업자들과 정부, 돈에 눈먼 개도국 수입업자와 처리업자들, 이들을 눈감아 주면서 뒷돈을 챙기는 부패한 관리들, 푼돈이나마 벌려고 애타게 일자리를 찾는 사람들……. 이런 여러 요인이 복합적으로 뒤얽히면서 세계 곳곳이 쓰레기 홍수 속에서 호된 몸살을 앓고 있다.

쓰레기 제국주의로 상징되는 환경 제국주의는 지구촌 빈곤 지역에 단순히 유해 쓰레기만 보내는 게 아니다. 환경오염, 노동력 착취와 인권 파괴, 불평등과 비참을 함께 실어 나르고 있다. 최근 들어 아시아 등지의 쓰레기 수입국들이 규제를 강화하는 추세를 보이고는 있다. 그렇지만 유해 쓰레기의 국가 간 이동이 일으키는 문제들이 얼마나 개선될지는 낙관하기 어렵다.

무엇이 선진국일까?

최근 들어 환경 제국주의는 새롭게 '진화'하고 있다. 환경문제와 관련한 선진국들의 기술적 통제나 장악이 점점 확대되는 경향이 그것이다. 예컨대 선진국들은 생태 위기가 심각해질수록 개도국이 수출하는 상품에 더 까다로운 환경적 요구 조건을 제시하여 새로운 무역 장벽을 쌓는다. 유럽연합(EU)이 2026년부터 본격 시행하기로 한 '탄소국경조정제도(CBAM, 일명 '탄소국경세')'도 이런 관점에서 들여다볼 수 있다. 이것은 유럽으로 수입되는 제품 가운데 유럽 내에서 생산한 것보다 이산화탄소를 더 많이 배출한 상품에 대해 추가로 부담금을 물리는 제도다. 관세의 일종인 셈이다. 이산화탄소 다량 배출 업종인 철강, 시멘트, 알루미늄, 비료 등부터 이 제도를 적용하기로 했다. 기후위기가 깊어가는 상황에서 이 제도는 온실가스 감축에 이바지할 수 있다. 하지만, 이와는 별개로 또 다른 형태의 환경 제국주의라는 비판의 목소리도 높다. 선진국들이 앞선 기술이나 경제력 등을 내세워 개도국에 불리한 조건을 강요하는 결과를 낳기 때문이다.

선진국들은 다른 한편으로 자신이 이미 개발하여 생산에 활용하고 있는 환경기술이나 설비 등을 개도국에 팔아서 자신들의 경제적 지배력을 강화하기도 한다. 예를 들어 개도국들이 재생에너지를 확대하려면 풍력발전에 사용되는 터빈 등을 수입해야 한다. 각종 저탄소 기술도 도입해야 한다. 기술, 자본, 제품 등을 손에 쥐고 있는 건 선진국들이다. 세계적으로 기후위기에 대응하고 각 나라가 에너지 시스템을 바꾸는 흐름 속에서 선진국들은 이를 자신의 경제적 영향력과 주도권을 더 강화하는 기회로 활용하고 있다. 그 결과 이런 방식으로 이루어지는 환경 제국주의는 선진국과 개도국 사이의 환경적 부정의와 불평등을 한 층 구조화하면서 더 키우는 구실을 하게 된다.

우리나라는 어떨까? 우리 또한 환경 제국주의 대열에서 빠지지 않는다. 우리나라는 이미 GDP(국내총생산) 규모에서 세계 10위권 언저리를 오가는 '경제 대국'이 되었다. 쓰레기 수출도 문제지만, 특히 최근 현안으로 떠오르는 것은 해외 석탄발전소 건설 투자와 원전 수출 등이다. 경제적 이익만을 앞세워 기후위기 대응에 역행하고 거대 위험시설을 외국에 건설하는 것은 생태적 윤리와 정의의 원칙을 거스르는 일이다.

지난 2021년 7월, 유엔무역개발회의(UNCTAD)는 195개 회원국 만장일치로 우리나라의 지위를 기존 '개발도상국 그룹'에서 '선진국 그룹'으로 변경했다. 이로써 선진국 그룹은 우리나라를 포함해 32개국이 됐다. 1964년 이 기구가 출범한 이래 개도국에서 선진국으로 지위가 오른 나라는 우리나라가 처음이라고 한다. 하지만 주로 경제적 기준을 잣대로 이른바 선진국 대열에 진입한 것을 마냥 반길 일은 아니다. 생태적 가치 기준에 따르면 더욱 그러하다. 아니, 더 정확하게 말하자면 '선진국'이라는 말 자체가 부도덕하고 어폐가 있는 용어라고 할 수 있다. 지금 선진국이라 불리는 나라 중 절대다수는 제국주의 침략과 식민지 수탈, 원주민 학살과 노예 노동 강요 등으로 막대한 부를 쌓아 올렸다. 이들이 선진국이나 강대국 반열에 오를 수 있었던 건 이런 '범죄적 만행'을 저지른 토대 위에서였다. 이 점을 분명히 확인해 두되, 어쨌거나 잊지 말아야 할 것은 우리나라의 높아진 국제적 위상에 걸맞은 책임과 의무의 무게다. 우리나라는 물론 지구를 위해서도 환경 제국주의라 비난받을 일은 하지 말아야 한다.

기왕에 말이 나왔으니 한마디 덧붙이자. 흔히들 선진국 타령을 많이 한다. 여기서 '선진(先進)'은 앞서 나아간다는 뜻이다. 한데, 무조건 앞서 나아가는 것만이, 남들보다 앞서는 것만이 능사일까? 만약 우리가 추구해야 할 것이 선진국이라면 그 선진국은 이제 '선진국(先進國)'보다는 '선진국(善進國)'이어야 하지 않을까? '선(善)하다'라는 말을 사전에서는 "올바르고 착하여 도덕적 기준에 맞는 데가 있다", "착하며 곱고 어질다" 등으로 풀이한다. 무작정 앞서가기만 할 게 아니라, 앞서가더라도 '올바르고 착하고 아름답게' 나아가는 나라를 만들어야 할 때다. 내용과 방식 모두 말이다.

'정의로운 전환'을 위하여

환경정의 이야기는 '정의로운 전환(Just Transition)' 이야기로 이어진다. 이게 무엇일까? 먼저 이런 상황을 가정해 보자. 기후위기를 극복하려면 온실가스 배출의 주범으로 꼽히는 석탄 화력발전소와 내연기관 자동차 등을 점점 줄이거나 없애야 한다. 환경과 안전 등의 관점에서 볼 때 핵발전소도 마찬가지다. 그런데 문제가 있다. 그렇게 되면 이들 분야에서 일하던 노동자들은 어떻게 되는가? 이들 노동자의 생계와 고용 문제는 어떻게 해결해야 하는가? 지역도 문제다. 점점 쇠퇴해질 것으로 전망되는 화석연료 산업과 오염 유발 업종이 집중된 지역과 이곳 주민들의 미래는 어떻게 되는가?

이런 문제의식에서 비롯한 것이 '정의로운 전환'이다. 생태적 전환의 과정과 결과가 두루 공평하고 정의로워야 한다는 원칙에 기초한 개념이다. 전환으로 인해 희생당하거나 피해를 보는 사람을 최소화하고 이들을 위한 대책을 마련하는 것이 핵심이다. 기후위기가 노동자들의 일자리, 생존 문제와 연결돼 있다는 인식에서 처음 싹텄다. 화석연료 기반의 전통적인 에너지 산업과 에너지 다소비 업종에서 급격한 고용 변화가 일어나고, 나아가 이것이 이들 산업과 업종에 종사하는 노동자들의 삶에 큰 영향을 미치게 된 현실에 주목한 것이다. 산업연구원 연구 결과에 따르면 우리나라의 경우 석유화학, 화력발전, 핵발전, 자동차, 철강 등 분야에서 100만 명에 가까운 노동자가 에너지 전환에 따라 고용 위협을 받게 된다고 한다.

실제로 정의로운 전환 운동은 미국의 석유·화학·원자력 노조(OCAW)에서 활동했던 토니 마초키의 아이디어로 시작됐다. 그는 노동운동가이면서도 노동운동과 환경운동의 연대를 중시했고, '작업장의 레이철 카슨'이라 불리기도 했다. 그가 주목한 것은 생태 가치를 중시하는 경제 시스템에서는 석유, 화학, 핵발전 분야의 노동자들이 일자리를 잃을 수밖에 없는 현실이었다. 이에 그는 이들 노동자가 새로운 일자리를 안정적으로 구할 수 있도록 보상, 교육, 재훈련 등의 기회를 지원하는 '노동자를 위한 슈퍼펀드(Superfund for Workers)'를 만들어야 한다고 주장했다. 취지는 전환의 도정에서 노동자들이 실업과 빈곤에 시달리거나 사회적으로 방치되는 사태를 막으려면 전환에 따른 여러 부담을 사회 전체가 공평하게 떠맡아야 한다는 것이었다.

정의로운 전환의 개념이나 실행 범위 등은 변화와 확장 과정을 밟아왔다. 미국에서는 환경 정책이 강화되는 흐름에 대응해 1980년대부터 노동조합이 이를 요구했다. 2000년대를 거치면서 세계적으로 퍼져나가다 2015년 파리 기후변화협정에 관련 내용이 명확히 포함됐다. 직접 당사자인 노동자뿐만 아니라 지역사회와 다양한 이해 당사자가 이 운동에 모여들면서 이들의 연대가 정의로운 전환에서 가지는 의미에 주목하는 움직임도 나타났다. 그러면서 나온 구호가 '죽은 지구에는 일자리가 없다(No Jobs on a Dead Planet)'였다.

최근에는 사회 전체적으로 불평등을 없애자는 전략으로까지 승화되고 있다. 이는 일반적으로 공유되는 정의로운 전환의 주요 원칙들에서도 잘 드러난다. 탈탄소 사회경제의 적극 실현, 영향을 받는 노동자와 지역사회에 대한 지원, 환경피해 복원과 이와 관련한 기업의 책임, 기존의 경제적·사회적 불평등 해결, 모든 이해 당사자의 참여, 포괄적이고 투명한 계획과 절차 보장 등이 그것이다. 그러므로 정의로운 전환을 퇴출 산업 노동자들의 고용 보장이나 '녹색 일자리' 확충 정도로만 여기는 것은 정의로운 전환에 대한 편협하고도 피상적인 이해의 산물이라고 할 수 있다.

'기후가 아니라 시스템을 바꾸자(System Change, Not Climate Change)'라는 캐치프레이즈는 이처럼 정의로운 전환 운동이 사회 전체의 변혁까지 포괄하는 방향으로 나아가는 움직임을 압축해서 보여준다. 이에 요즘 정의로운 전환 운동을 펼치는 이들은 노동자와 지역을 지원하는 차원을 넘어 재생 가능한 생태 경제, 자원과 권력의 공평한 재분배, 문화와 전통의 존중, 공동체들의 상호 연대, 더 좋은 삶, 민주적 참여와 자기 결정 등을 통해 세상과 삶 전반을 바꾸는 것이 참된 전환이라고 역설하고 있다.

여기에는 기후정의를 위시한 환경정의의 궁극적 의미를 구현하자는 뜻이 담겼다.

앞서 탈성장 이야기에서 소개한 IPCC의 2022년 6차 보고서에는 이전 보고서들에서는 언급되지 않던 새로운 말들이 다수 등장했다. 탈성장뿐만 아니라 식민주의, 자본주의, 권력 관계 등이 그것이다. 이 보고서는 식민주의, 곧 제국주의가 기후위기의 원인이라고 명시적으로 밝히기도 했다. 불평등과 부정의 문제, 정의로운 전환 등도 비중 있게 다루었다. IPCC는 새로운 연구 활동을 펼치는 곳이 아니다. 기존에 나와 있는 방대한 연구 성과들을 모아 종합적으로 검토·분석한 뒤 '큰 그림'을 제시하는 것이 IPCC의 일반적인 보고서 작성 방식이다. 그러므로 IPCC 보고서에서 나타나는 일련의 변화 흐름은 기후정의와 정의로운 전환에 대한 관심이 사회운동, 학문 연구, 정책 실행 등으로도 폭넓게 퍼져나가고 있음을 잘 보여준다고 할 수 있다.

환경정의 이야기는 환경문제의 본질과 구조를 직시하게 해줄 뿐만 아니라 환경문제가 정치, 경제, 사회, 문화 등 세상의 다른 일들과 얼마나 밀접한 관계를 맺고 있는지를 입체적으로 되새기게 해준다. 환경문제를 해결하는 데서도 정의, 평등, 인권, 민주주의 같은 가치들이 소중하다는 사실을 일깨워 주는 게 환경정의다. '순수한' 환경문제란 없다. 대부분 환경문제에는 권력과 계급의 논리가 연루돼 있다. 국제적 성격을 띠는 환경문제들은 그 바탕에 신자유주의 세계화나 제국주의 메커니즘이 작동할 때도 많다. "환경문제는 환경문제가 아니고 환경운동은 환경운동이 아니다"라는 말이 그래서 나왔다. 미국의 인권운동가 마틴 루터 킹은 평화란 정의의 현존이라고 갈파했다. 참다운 '녹색 평화' 또한 정의가 밑받침될 때 온전히 이루어질 수 있다.

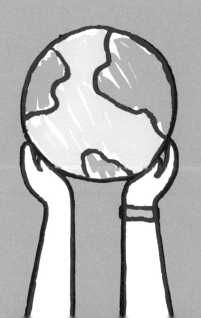

8장

동물이 빛나야 사람도 빛난다

바다로 돌아간 돌고래

'제돌이'라는 이름의 돌고래가 있다. 제돌이는 어린 시절인 2009년에 제주도 앞바다를 헤엄치다 그만 커다란 그물에 걸리고 말았다. 그물 주인인 어민은 제돌이를 동물 공연을 하는 업체에 돈을 받고서 팔아넘겼다. 본래 돌고래가 그물에 걸리면 곧바로 풀어주거나 경찰에 신고해야 한다. 따라서 이는 불법이었다. 넓은 바다를 맘껏 헤엄치던 제돌이는 졸지에 서울대공원의 비좁은 수조에 갇혀 돌고래 쇼에 동원되는 처지로 굴러떨어지고 말았다.

다행히도 2011년에 정부 당국에서 제돌이를 불법으로 거래한 사실을 알아냈다. 이어 2012년에는 재판까지 열려 제돌이를 포함해 불법으로 잡힌 돌고래들을 모두 공연업체로부터 몰수하라는 판결도 내려졌다. 그즈음에 우리나라에서는 유례를 찾아보기 힘든 일이 일어난다. 이런 사정을 알게 된 당시 서울시장이 서울대공원에 갇혀 있던 제돌이를 본디 고향인 제주도 앞바다에 풀어주겠다고 결정한 게 그것이다. 여기에는 동물권 운동 등을 펼치는 시민단체들의 강력한 요구와 이에 대한 시민들의 호응이 큰 역할을 했다.

풀려나게 된 돌고래는 제돌이 혼자만이 아니었다. 제돌이와 마찬가지로 돌고래 쇼에 동원된 삼팔이, 춘삼이까지 합쳐서 모두 세 마리였다. 그런데 이들을 곧바로 바다로 보낼 순 없었다. 인공 수조에서 오래 생활한 탓에 야생 상태에서 먹이를 사냥하거나 변화무쌍한 바닷물에 적응하는 것과 같은 사전 준비가 필요했기 때문이다. 그래서 먼저 제주도 바닷가에 가두리양식장처럼 그물로 만든 커다란 울타리를 설치하고 거기서 바다 적응 훈련을 거쳤다. 그런 뒤 드디어 2013년 7월에 제돌이와 그의 친구들은 꿈에도 그리던 바다로 돌아가게 된다.

이 돌고래 방류 행사는 사회적으로도 큰 관심을 끌었다. 많은 이가 환호성을 올리며 이들의 건강과 행복한 미래를 기원했다. 하지만 반대 의견도 만만치 않았다. 야생 적응 훈련을 거쳤다고는 해도 야생에서 살아갈 능력을 제대로 갖췄을까? 정상적으로 먹이를 구하거나 다른 돌고래 무리와 어울려 생활할 수 있을까? 죄다 쓸데없는 걱정이었다. 방류 뒤 9년이나 지난 2022년 1월, 제돌이와 그의 친구들이 100여 마리의 동료 돌고래들과 함께 제주도 앞바다를 힘차게 헤엄치는 모습을 핫핑크돌핀스라는 해양환경단체가 직접 확인하고 영상에 담기까지 했다. 암컷인 춘삼이와 삼팔이가 새끼를 낳았다는 것도 관찰되었다.

돌고래가 있어야 할 곳은 인공 수조가 아니라 바다다. 수족관에 갇혀 사는 돌고래의 수명은 길어야 20년 안팎에 지나지 않는다. 국내 수족관 돌고래의 평균수명은 10년도 되지 않는다는 환경단체의 조사 결과도 있다. 하지만 바다에서 야생 돌고래는 보통 35~40년은 거뜬히 산다. 제돌이와 친구들은 야생의 자유를 얻은 덕분에 더 건강하고 오래 사는 복도 누리게 되었다. 인간이든 동물이든 자신의 본성에 맞게 마땅히 있어야 할 자리에 있어야, 그리고 자신의 본래 삶의 방식대로 살아야 행복할 수 있다. 제돌이 이야기는 인간과 동물이 평화롭게 공존하는 지혜를 어떻게 찾아야 할지를 잘 보여준다.

우리는 모두 동물이다

최근 동물문제가 뜨고 있다. 배경은 다양하다. 우선 반려동물과 함께 사는 인구가 크게 늘었다. 동물 학대에 대한 문제의식도 높아졌다. 기후위기의 주범 중 하나로 공장식 축산업과 육식 중심의 식생활이 꼽히면서 환경문제와 동물이 어떤 관계를 맺고 있는지에 관한 관심도 부쩍 커졌다. 근본적으로는 생태 위기가 깊어지면서 인간과 자연의 관계를 성찰하는 가운데 인간과 동물의 관계도 진지하게 돌아보는 흐름이 갈수록 공감대를 넓혀가고 있는 듯하다. 동물을 둘러싼 이야기도 동물 보호에서 동물 복지로, 나아가 동물권 논의로 그 수준이 높아지고 있다.

동물권이라니? 동물에게도 권리가 있다는 주장은 좀 낯설게 들릴 수 있다. 동물은 사람보다 열등한 존재라는 생각이 워낙 깊이 뿌리내리고 있어서다. 아닌 게 아니라 현대사회는 동물을 인간의 필요와 욕구를 채우는 데 사용하는 수단이나 도구쯤으로 여기는 고정관념에 깊이 젖어 있다. 생각해 볼 점은 왜 이렇게 됐느냐다.

여기서 잠깐 우리의 식생활을 떠올려 보자. 수많은 사람이 소고기, 돼지고기, 닭고기 등을 즐겨 먹는다. 한데 그 많은 동물이 평소에 어디서 어떻게 생활하는지, 이 동물들의 고기가 내 입에 들어오기까지 어떤 일이 벌어지는지 등을 깊이 생각해 보는 사람은 많지 않다. 자기 집의 반려동물은 한 가족이나 되는 것처럼 끔찍이 아끼면서도 말이다. 마트, 시장, 식당 등에 가면 다양한 종류의 고기가 잔뜩 쌓여 있다. 언제든 돈만 주고 사 먹으면 그만이다. 그래서 우리가 접하는 고기는 대부분 조각조각 잘려져 있고, 뼈가 발라진 채 포장지나 용기에 싸여 있다. 우리에게 동물은 토막 난 살점, 손질된 살코기, 저민 베이컨 조각, 도톰한 스테이크 따위로만 다가온다. 그러니 고기를 먹으면서 들판을 자유롭게 돌아다니는 동물의 본래 모습을 떠올리기란 쉬운 일이 아니다.

요컨대 오늘날 동물의 고기를 먹는 것은 단순한 상품 소비 행위로 둔갑했다. 고기 이야기는 하나의 보기일 뿐이다. 현대사회에서 대다수 동물은 상품으로 취급될 때가 아주 많다. 상품은 물건이다. 물건은 쓰고 버리면 그만이다. 동물의 본래 모습은 이런 상품 뒤에 가려져 보이지 않는다. 많은 현대인이 동물을 제대로 알지 못하고 동물이 처한 현실에 무감각하게 된 근본 이유를 여기서 찾을 수 있다.

그래서다. 동물 이야기에서 먼저 필요한 일은 동물이 어떤 존재인지부터 아는 것이다. 핵심은 사람과 동물은 그리 다르지 않다는 것이다. 잊지 말자. 사람도 동물이다. 우리는 모두 동물이다. 인간은 이 지구상에 존재하는 약 5,500종에 이르는 포유류 가운데 하나다. 이는 너무나도 명백한 사실이다. 많은 사람이 종종 잊어버리거나, 알면서도 가볍게 여기곤 하지만 말이다.

일단 유전학적으로 그렇다. 인간은 침팬지나 보노보 같은 유인원과 유전자 구조가 98.7%나 동일하다. 고릴라와는 97.7%, 오랑우탄과는 96.4%가 같고, 소나 쥐와도 80%나 같다. 물론 이런 사실에 지나치게 큰 의미를 부여할 필요는 없다. 양적으로는 작은 차이가 질적으로는 큰 차이를 만들어낼 수도 있어서다. 어떤 분석 방법을 사용하느냐에 따라 사뭇 다른 결과가 나오기도 한다. 외려 더 중요한 것은 사람과 동물이 본성이나 특성이라는 측면에서도 별반 다르지 않다는 점이다.

인간만이 지능과 감정을 가졌을까? 인간만이 언어와 도구를 사용할 줄 알고 의사소통을 할 수 있을까? 인간만이 자기 자신을 스스로 인식할 수 있고 서로 협동할 줄 알까? 전혀 그렇지 않다. 억압, 구속, 학대, 착취 따위에서 벗어나 자신의 본성이나 욕구에 따라 스스로 원하는 대로 살기를 소망하는 것은 사람이나 동물이나 똑같다. 사람이든 동물이든 제대로 된 삶을 살기를 원하는 것은 매일반이다. 제돌이 이야기가 일깨워 주듯이 동물도 인간이 가진 것과 같은 삶의 빛, 삶의 이유, 삶의 의미를 지니고 있다.

특히 동물도 사람과 똑같이 고통을 예민하게 느끼고 경험한다. 고통에는 신체적 통증만 있는 게 아니다. 불안이나 공포 같은 정신적, 심리적인 측면도 포함된다. 동물들은 신체적인 고통을 당할 때 비명을 지르거나 울부짖거나 몸을 뒤트는 등의 반응을 보인다. 불안이나 공포에도 민감하게 반응한다. 사람이 통증을 느끼는 것은 특정 신경 계통이 작용한 결과다. 그런데 등뼈가 있는 척추동물은 인간과 비슷한 신경구조를 지니고 있다. 척추동물에는 포유류뿐만 아니라 어류, 조류, 양서류, 파충류 등도 모두 포함된다. 이들 동물도 인간과 비슷한 고통을 실제로 느낀다는 얘기다.

동물은 또한 즐거움과 기쁨은 물론 두려움, 노여움, 외로움, 지루함, 아픔, 슬픔, 우울 등도 모두 느낀다. 사람이 그렇듯 사랑할 줄도 알고 재미나게 놀 줄도 안다. 증오와 복수심과 질투심에 사로잡히기도 하며, 뭔가에 잔뜩 호기심을 느끼거나 집착하기도 한다. 동물은 이런 다양한 생각, 감정, 욕망, 기분 등을 자기들 나름의 방식이나 형태로 표현한다. 서로 의사소통을 할 줄 아는 동물도 많다. 다만 그 방식이나 형태가 사람과는 다르고 사람의 언어를 사용하지 않아서 우리 인간이 정확하게 알아채지 못할 따름이다.

실제로 동물들은 다채로운 능력을 갖추고 있다. 예컨대 침팬지 같은 유인원들은 도구를 사용할 줄 안다. 벌레를 찾아서 잡는 데 나뭇가지를 이용하고, 딱딱한 열매 껍데기를 까는 데 돌을 사용한다. 이끼를 스펀지처럼 활용하기도 한다. 일부러 남을 속일 줄도 알며, 거울을 보면 자기를 자기로서 인식하는 반응을 보인다. 특정한 상황에서는 웃음을 터뜨리기도 한다. 돌고래와 코끼리도 서울에 비진 자기 모습을 알아볼 줄 안다. 모두 자기 인식

능력이 있고 의식적으로 행동할 수 있다는 뜻이다. 자기 짝이나 가족이나 동료가 죽었을 때 깊이 슬퍼하며 애도하는 동물도 얼마든지 있다. 어떤 동물은 이런 일을 당하면 무리에서 빠져나와 혼자 틀어박혀 있기도 하고, 며칠 동안이나 사체 옆에 머물기도 한다. 슬픔이 극심한 일부 동물은 먹지도 않고 짝짓기도 하지 않는다. 코끼리, 대형 유인원, 돌고래 등에서 이런 특성을 찾아볼 수 있다.

이런 이야기들은 동물에게도 자기 나름의 자율성에 기초한 정신적 삶과 삶의 내면이 있다는 것을 알려준다. 사람과 마찬가지로 동물 또한 살아 있는 생명체로서 존엄성을 보장받고 행복하게 살고 싶은 마음을 지니고 있는 것이다. 이렇게 보면 우리가 흔히 쓰는 '말 못 하는 동물' 등과 같은 표현은 사실도 아닐뿐더러 온당치도 않다.

물론 동물은 인간과 다르다. 인간인 우리가 다른 동물의 감정이나 생각 등을 완벽하게 이해할 순 없다. 하지만 서로 다르다는 것이 동물이 생명체로서 누려야 할 자유와 삶의 기쁨을 부정하거나 무시할 근거는 되지 못한다. 잘남과 못남을 판가름하거나 동물 차별과 학대를 정당화하는 이유가 되지도 못한다. 근원적으로 중요한 것은 이런 '다름'의 바탕에 깔린 '같음'이기 때문이다. 누군가를 따뜻하고 친절하게 대해야 한다는 것은 인간과 동물 모두에게 똑같이 적용해야 할 도덕 원칙이다.

인간-동물 관계 변천사

동물 학대와 차별이 일상화되고 동물의 고통에 인간이 무감각해진 것은 오래된 일이 아니다. 예전에는 동물을 어떻게 대했을까? 인간과 동물 관계의 변천사는 크게 세 단계로 구분된다. 첫 번째는 수렵채집 시기다. 인류가 최초로 등장한 이후부터 인간이 농사를 짓기 시작한 1만~1만 2,000년 전 정도까지의 기간이다. 이 시기에 인간은 꼭 필요한 만큼만 사냥했다. 희생된 동물에게 감사하고 미안해하는 의식을 치르기도 했다. 지금도 지구 곳곳 토착 원주민들의 생활 문화에 이런 관습이 남아 있다. 이 시기에 동물은 인간과 자연을 연결해 주는 매개체였다. 둘 사이의 관계도 직접적이고 수평적이었다. 인간은 자신의 생존이 다른 생명체에게 깊이 의존하고 있다는 사실을 의식하며 살았다. 사람은 말 그대로 수많은 동물 중의 하나일 뿐이었다.

두 번째 단계는 농경과 목축의 시기다. 1만~1만 2,000년 전쯤에 지구에서는 마지막 빙하기가 끝나 기후가 온화해지고 자연조건이 안정화됐다. 이 시기에 인류가 농사를 짓기 시작한 것은 그 덕분이다. 자연스럽게 가축을 기르게 됐다. 이렇게 하여 수렵과 채집 중심의 구석기시대가 저물고 신석기시대가 열렸다. 농사를 짓기 시작하면서 사람들은 집단을 이루어 정착 생활을 하게 되었고, 이는 문명의 건설로 이어졌다. 기술을 비롯한 문명의 발달로 인간은 큰 힘을 손에 넣게 되었다. 새로운 도구와 무기 등을 갈수록 더 많이 만들었고 이것들의 성능도 높아진 데 힘입어서다. 그 힘으로 이제 인간은 다른 동물들을 더 손쉽게 통제하고 관리할 수 있게 되었다. 자신의 필요에 맞추어 여러 동물을 키우고 길들여서 이용하기 시작한 것이다.

이 시기에 가축이 된 첫 동물은 개였다. 이어서 양, 염소, 소, 말, 낙타, 돼지, 닭 등이 가축화 과정을 밟았다. 이들 동물은 인간에게 고기, 젖, 가죽, 털 등은 물론 농사일에 필요한 노동력을 제공했다. 사냥하거나 무거운 짐을 나르거나 빠르게 이동할 필요가 있을 때 등에도 요긴한 일꾼 구실을 했다. 대신에 인간은 이들 동물을 안전하게 관리하면서 보살펴 주었다. 기억할 것은 이때만 해도 인간과 동물은 서로 도움을 주고받는 협력과 공생의 관계를 유지했다는 점이다. 대체로 인간은 가축이 된 동물과 친밀한 유대감으로 연결돼 있었다. 문명이 발전을 거듭하면서 인간은 자연을 더 강력하게 지배하고 통제하게 되었지만, 이것이 지나치게 폭력적이거나 파괴적이지는 않았던 것이 이 시기의 중요한 특징이다.

그러다 마침내 세 번째 단계가 시작된다. 이 단계에서 인간과 동물의 관계에 대격변이 일어난다. 18세기 산업혁명 이후 본격적으로 펼쳐진 지금의 자본주의 산업사회가 이 단계의 주역이다. 이 시기에는 물신주의가 기승을 부리면서 사물이 아닌 생명마저도 상품이나 도구로 취급받게 되었다. 인간의 통제 아래 놓인 절대적 약자인 동물은 이를 위한 아주 맞춤한 표적이었다. 동물의 상품화가 본격적으로 이루어짐으로써 동물이 인간의 일방적인 소비 대상으로 전락한 것이다. 이는 다양한 양상으로 나타났다.

먼저, 인구가 급속도로 늘고 경제가 발전함에 따라 사람들의 생활수준이 높아졌다. 자연스레 고기에 대한 수요가 폭발적으로 늘었고, 그 결과 엄청나게 많은 동물을 사육하고 죽이게 되었다. 먹거리 생산 자체가 대규모로 산업화하면서 이런 흐름은 더욱 거세졌다. 동물은 또한 동물원 등에서는 구경거리나 놀잇감으로, 의약품 등을 만드는 과정에서 이루어지는 동물실험에서는 실험 재료로 마구 쓰이게 되었다.

이 시기에는 사람들의 사고방식에도 거대한 변화가 일어났다. 인간 중심 이분법이 세상을 지배하게 됐다는 게 그것으로, 이는 앞에서도 강조한 바 있다. 이는 동물에게도 고스란히 적용됐다. 이 이원론적 세계관에서 인간이 상징하는 건 이성과 합리성 같은 '우월한' 것이다. 반면에 동물이 표상하는 건 본능과 야만 같은 '열등한' 것이다. 근대 철학의 아버지라 불리는 프랑스 철학자 르네 데카르트가 이런 생각의 대표자였다. "나는 생각한다. 고로 존재한다"라는 유명한 말을 남긴 그는 동물이 '움직이는 기계' 혹은 '자동인형'에 지나지 않는다고 주장했다. 생각할 줄도 모르고, 지각 능력과 감정도 없으며, 고통도 느끼지 않는 존재. 그에게 동물이란 이런 것이었다.

이렇게 해서 인간과 동물이 동반자로서 공존하던 시대는 종말을 고했다. 이전에는 인간이 동물을 이용하는 범위가 먹고사는 데 필요한 정도에서 크게 벗어나지 않았다. 하지만 이제 동물은 인간의 대량소비 상품으로 전락했다. 대량소비의 전제 조건은 대량생산이다. 그래서 오늘날 인간은 자신에게 필요한 동물을 대량으로 만들어 내기까지 한다. 어마어마한 수의 축산 동물과 실험동물을 인공적으로 생산하는 것이 단적인 보기다. 그 결과 동물은 이전에는 경험하지 못했던 극심한 고통과 학대의 쇠사슬에 꼼짝없이 묶이게 됐다. 인간과 동물을 이어주던 관계의 연결 고리가 끊어지고 서로가 공유하던 유대감도 사라졌다. 이것이 크게 세 단계의 변화 과정을 거쳐 오늘날 전 세계적으로 굳어진 인간과 동물 사이의 관계.

최근 동물 이야기에서 가장 뜨거운 이슈는 동물권이다. 동물권 개념은 동물 보호나 동물 복지와는 다르다. '동물 보호'는 동물을 보호와 관리의 대상으로 보는 관점에서 나왔다. 여기서 인간이 해야 할 일은 동물을 잘 돌보는 것 정도에서 그친다. '동물 복지'는 동물을 인간의 이용 대상으로 본다는 점에서는 동물 보호와 다르지 않다. 하지만 동물의 행복을 좀 더 적극적으로 추구하는 것이 동물 보호와 다른 점이다. 동물이 겪는 고통을 되도록 줄이고 동물들이 기본 욕구를 충족할 수 있도록 다양한 복지를 제공하자는 것이 동물 복지 개념이다.

동물권은 한 차원 더 높은 개념이다. 동물권이란 한마디로 동물로서 당연히 가지는 권리를 뜻한다. 인권이 인간으로서 당연히 가지는 기본적 권리를 뜻하듯이 말이다. 동물권은 인권의 확장·심화판인 셈이다. 여기선 동물을 인간의 이용 대상으로 보지 않고 권리의 주체로 인정한다. 그럼으로써 동물을 인간과 동등한 생명체로 받아들인다. 동물권과 동물 복지의 가장 큰 차이점이 이것이다.

사실 동물을 잔혹하게 대하는 것이 나쁘다는 생각은 널리 퍼져 있다. 하지만 여기에는 짚어볼 대목이 있다. 농물을 배려한다는 것이 우월한 입장에 선 인간이 동물에게 시혜적으로 친절을 베푸는 것에 그칠 가능성이 크다는 점이 그것이다. 이것의 바탕에 깔린 건 동물을 대상화하는 또 다른 인간 중심주의다. 약자로서 낮은 위치에 있는 동물은 강자인 인간이 내려주는 '은혜'를 수동적으로 기다릴 수밖에 없다. 동물권은 다르다. 동물 자체를 권리의 주체로 인정하고 존중하는 더 적극적이고 능동적인 개념이라고 할 수 있다.

그럼, 왜 인간이 아닌 동물에게도 권리를 부여해야 할까? 여기서 꼭 만나봐야 할 두 사람이 등장한다. 오스트레일리아 철학자 피터 싱어와 미국 철학자 톰 리건이 그들이다. 이 두 사람은 현대 동물권 논의의 기틀을 다지고 뼈대를 세운 양대 산맥이다.

피터 싱어는 1975년에 출간한 《동물 해방》이라는 책으로 특히 유명하다. 싱어가 주장하는 가장 중요한 원리는 '이익에 대한 동등한 고려' 원칙이라 불린다. 말 그대로 모든 존재의 이익을 차별 없이 평등하게 고려해야 한다는 원칙이다. 인종 차별주의나 성 차별주의를 떠올리면 쉽게 이해할 수 있다. 정당한 이유 없이 백인의 고통보다 흑인의 고통을, 그리고 남성의 고통보다 여성의 고통을 무시하거나 가볍게 여기는 것이 잘못이라는 걸 우리는 잘 안다. 마찬가지로 정당한 이유 없이 동물의 고통을 인간의 고통보다 덜 중요하게 여기는 건 잘못이라는 게 싱어의 주장이다. 이것을 '종 차별주의'라 한다.

그렇다면 어떤 존재가 이런 평등한 고려를 받을 권리가 있는지 여부를 판단하는 기준은 뭘까? 고통과 즐거움(쾌락)을 느낄 수 있는 능력이다. 핵심은 고통이다. 평등은 지능, 언어 능력, 합리적 판단력 등에 따라 좌우되는 게 아니다. 설령 이런 것들에서 차이가 있다 하더라도 고통을 느끼는 것은 똑같기 때문이다. 예를 들어보자. 갓난아기, 심각한 지적장애를 앓는 사람, 중대한 뇌 손상을 당한 사람 등은 지능이 아주 낮다. 언어 능력도 없거나 매우 낮다. 만약 지능이나 언어 소통 능력을 중요한 기준으로 삼는다면 우리는 이들의 고통을 무시해도 된다는 결론에 이르게 된다. 하지만 이것이 말도 안 된다는 건 우리 모두 잘 아는 사실이다. 게다가 앞에서 살펴봤듯이, 적지 않은 동물이 이런 사람들보다 더 높은 지능과 의사소통 능력을 갖추고 있다는 점도 고려해야 한다. 고통은 그 자체로 나쁘다. 모두가 피하려고 한다. 이런 고통을 인간이 느끼느냐 동물이 느끼느냐 하는 것은 중요한 문제가 아니다. 평등의 원리는 특정 존재가 어떤 특성을 가졌든 그 존재의 고통을 다른 존재의 고통과 동등하게 대할 것을 요구한다. 인간 아닌 동물에게도 인간과 동일한 도덕적 원칙과 잣대를 적용해야 하는 이유가 여기에 있다. 이것이 피터 싱어의 주장이다.

다음은 톰 리건 이야기. 리건은 동물도 사람과 마찬가지로 자기 삶의 주체로 살아간다는 사실을 강조한다. 인간을 수단이 아닌 목적 그 자체로 존중해야 하는 까닭은 뭘까? 그것은 인간이 욕구, 인식, 선호, 생존 의지, 고통과 쾌락을 느끼는 감정, 정서적 삶, 미래에 대한 감각, 목표를 이루려고 행동할 수 있는 능력 등을 지녔기 때문이다. 리건은 이런 것들을 갖춘 존재를 '삶의 주체'라 부른다. 그리고 이런 삶의 주체는 '본래적(내재적) 가치'라는 특별한 권리를 갖는다고 주장한다. 그러므로 리건에 따르면 삶의 주체인 동물도 당연히 이런 특별한 권리를 가지게 된다. 본래적 가치는 다른 뭔가를 얻기 위한 수단이 아니라 그 자체로서 목적과 의미를 가지는 가치를 말한다. 빈대말은 도구적 가치다. 오늘날 만연하는 동물의 상품화는 동물을 본래적 가치가 아닌 도구적 가치만 지닌 존재로 여긴 극단적 결과로서 일어나는 일이라고 할 수 있다.

본래적 가치를 지닌 존재를 목적이 아닌 수단으로 취급하는 것이 옳지 않다는 것은 노예제도가 잘 보여준다. 노예제도 아래서 노예의 가치는 노예 개인의 자유나 행복 같은 것으로 결정되지 않는다. 노예는 삶의 주체가 아니기 때문이다. 노예는 주인의 소유물이자 시장에서 사고파는 물건에 지나지 않는다. 주인을 위해 삶을 바쳐야 하는 도구일 뿐이다. 인간의 권리가 원천적으로 박탈될 수밖에 없다. 우리는 이런 노예가 사라지고 모든 인간이 동등한 권리의 주체가 되는 것을 옳다고 여긴다. 동물도 다르지 않다. 동물을 도구로 써먹으려면 권리의 주체로 인정하지 말아야 한다. 동물에게 권리가 있다면, 동물을 도구로 사용하는 것은 그 권리를 침해하는 것이 되기 때문이다. 이에 리건은 동물도 저마다 고유한 삶의 주체이므로 태어날 때부터 본래적 가치를 가지며, 따라서 인간과 마찬가지로 생명으로서 동등한 권리를 가진다고 주장한다. 본래부터 가치 있는 존재를 대하는 가장 적절하고도 유일한 방법은 모두를 동등하게 대하는 것이기 때문이다. 이것이 톰 리건의 주장이다.

두 사람의 주장에는 차이가 조금 있다. 어느 쪽에 귀를 더 기울일지는 각자의 몫이다. 어쨌거나 중요한 것은 두 사람의 주장이 결국에는 하나로 모인다는 점이다. 사람과 동등하게 동물도 권리의 주체로 인정하고 그럼으로써 인간과 동물이 평화롭게 공존해야 한다는 게 그것이다.

이쯤에서 이런 의문이 들법하다. 동물권 주장은 사람이 필요로 하는 권리를 동물에게도 똑같이 주자는 말일까? 당연히 그건 아니다. 동물권이 인권 개념의 확장 과정에서 등장한 건 사실이지만, 인간과 동물은 살아가는 방식과 필요한 권리 등이 서로 나르나. 농불권 전문가들은 이런 보기를 들어 실멍하곤 한다. 가령 불타고 있는 집이나 가라앉고 있는 배에 사람 한 명과 개 한 마리만 있다고 가정해 보자. 상황이 너무 급박해서 둘 중 하나만 구출할 수 있다. 누구를 살리고 누구를 포기해야 할까? 동물도 인간과 동등한 권리의 주체라고 해서 사람은 내버려두고 개만 구해도 되는 걸까? 그렇지 않다. 당연히 개가 아닌 사람을 구해야 한다. 왜 그럴까?

한마디로 개가 죽을 때보다 인간이 죽을 때 더 많은 걸 잃기 때문이다. 인간은 개와 비교할 때 미래를 꿈꾸고 설계하는 능력이 더 뛰어나다. 그런 만큼 미래의 삶이 지니는 무게가 더 무겁고 미래의 삶에 대한 기대도 더 크다. 개보다는 인간을 살리는 것이 더 타당한 선택인 것은 이런 이유에서다. 피터 싱어는 이런 식으로 설명한다. 사람과 개의 이익을 동등하게 고려하더라도 이런 상황에선 사람에게 추가로 고려해야 할 이익이 더 있으므로 개를 구하지 않는 것이 종 차별은 아니라고 말이다. 톰 리건의 논지도 비슷하다. 인간과 개가 동등한 삶의 주체라 하더라도 이런 상황에선 인간의 죽음이 개의 죽음보다 더 큰 해(害)를 낳으므로 개를 포기하는 것이 옳다는 것이다.

요컨대 동물권을 옹호하는 것은 인간과 동물을 무조건 기계적이고 형식적으로 똑같은 저울에 올리자는 게 아니다. 개는 포기하고 사람을 구한다는 것이 얼핏 인간 중심주의로 비칠 수 있지만, 찬찬히 따져보면 동물권 개념이나 이론에 비추어서도 그렇지 않다는 얘기다. 이렇게 되물어 볼 수도 있겠다. 고래나 돼지에게 투표권이 필요한가? 늑대나 북극곰이 학교 교육을 받을 필요가 있는가? 소나 닭에게 언론과 종교의 자유가 필요한가?

동물권은 사람을 위해서도 필요하다

동물권 이야기를 하다 보면 종종 부딪히는 반론이 있다. 사람의 권리도 충분히 실현하지 못하는 판국에 동물의 권리까지 내세우는 건 사치스러운 일이 아니냐는 게 그것이다. 이는 이런 질문으로도 이어진다. 동물권은 동물만을 위한 것일까? 결론부터 말하면, 그렇지 않다. 동물권은 사람을 위해서도 필요하고 중요하다. 이유가 뭘까?

오랫동안 노예, 흑인, 여성, 장애인 등은 열등하고 저급한 존재로 여겨졌다. 그 탓에 이들은 터무니없는 박해와 멸시를 당해야만 했다. 하지만 오늘날 이들을 그렇게 대하면 불법행위로 처벌을 받거나 비도덕적 행위라는 사회적 비난을 받는다. 이렇게 된 것은 당사자들은 물론 수많은 사람이 이들의 자유와 권리를 위해 함께 언제에서 싸운 덕분이다. 이처럼 문명이 발전해 온 과정을 한마디로 간추리면 차별과 억압은 줄이고 권리와 자유는 넓혀온 여정이었다고 할 수 있다.

동물권 이야기는 인간 중심주의를 넘어 권리와 자유를 누리는 영역을 동물로까지 확장해야 한다고 주장한다. 이를 위해선 편협하고 이기적인 인간만의 이익 추구에서 벗어나 모든 생명체에 대해 폭넓은 유대감을 발휘할 수 있어야 한다. 이로써 우리는 인간과 동물 사이에 가로놓인 장벽을 뛰어넘어 보다 많은 약자를 품어 안을 수 있고 이 세상의 고통을 더 줄일 수 있다. 이처럼 온정과 친절이 널리 퍼져 나갈수록 우리의 인간다움 또한 더 넓어지고 높아지지 않을까? 타인과 다른 존재를, 특히 약자를 괴롭히는 건 나 자신의 본성이나 마음 됨됨이를 망가뜨리는 부도덕한 일이기 때문이다.

오늘날 동물은 인간 앞에서 절대적 약자다. 수많은 동물의 생사와 운명이 오로지 사람 손에 달렸다. 이런 상황에서 동물 학대를 모르는 체하는 것은 우리 자신의 도덕성과 명예를 훼손하는 일이다. 동물을 잘못 대하는 것에 맞서 싸우는 것과 인간을 잘못 대하는 것에 맞서 싸우는 것은, 다시 말해 동물의 권익을 위해 애쓰는 일과 인간의 권익을 위해 애쓰는 일은 궁극적으로 하나의 길에서 만난다. 인간이라는 동물과 인간 아닌 동물은 모두 자연의 일부이며, 우리는 지구 안에서 함께 연결돼 있다. 앞에서 코로나 사태를 언급하면서 이 지구와 생명체 모두가 건강하고 안전해야 우리 인간도 그럴 수 있다는 사실을 강조한 바 있다. 그렇다. 동물이 행복해야 인간도 그럴 수 있다. 동물권이 동물만이 아니라 사람을 위한 것이기도 한 가장 근원적인 이유가 이것이다.

동물권은 인간 세상에서 벌어지는 폭력이나 범죄를 줄이는 데에도 도움이 될 수 있다. 동물에 대한 관점은 인간에 대한 관점으로도 연결된다. 동물을 도구나 상품으로 보면 인간도 그렇게 보게 될 가능성이 커진다. 전문가들은 특히 동물 학대와 폭력 범죄 사이에 상관관계가 있다고 지적한다. 실제로 미국에서 교도소 재소자들을 대상으로 조사한 결과도 그렇게 나왔다. 잔혹한 폭력 범죄를 저지른 사람들의 과거를 추적해 봤더니 동물 학대 전력이 있는 이들이 많더라는 것이다. 연약한 동물을 잔인하게 다룬 경험이 있는 사람은 점차로 그 폭력성이 강해져 나중에는 인간도 잔인하게 대할 가능성이 크리라는 것은 어렵잖게 짐작할 수 있는 일이다. 이 추론이 맞다면 동물에 대한 폭력이나 학대를 줄이는 것이 인간 세상에서 벌어지는 폭력이나 학대를 줄이는 데에도 도움이 된다고 할 수 있다. 동물권을 인정한다면 동물에 대한 폭력이나 학대도 줄어들 것이므로 결국 동물권은 폭력 없는 평화의 사회, 범죄 없는 안전한 세상을 일구는 데에도 한몫할 수 있다.

그뿐만이 아니다. 동물권은 인류의 식량문제 해결에도 보탬이 될 수 있다. 오늘날 산업화된 공장식 축산 시스템은 가축들에게 먹일 사료를 만드느라 엄청난 양의 곡물을 소비한다. 전 세계에서 생산되는 옥수수의 4분의 1이 소들이 먹어치우는 사료를 만드는 데 소비될 정도다. 만약 이렇게 사용되는 곡물을 가축이 아닌 사람이 먹는다면 사람들이 겪는 굶주림을 크게 줄일 수 있다. 한데 지금의 축산 시스템은 잔혹한 동물 학대로 악명이 높다. 그러니까, 동물권을 인정하면 동물 학대를 바탕으로 유지되는 가축 사육을 크게 줄일 수 있고, 그리되면 가축이 먹는 곡물이 줄어들어 결국 인류가 굶주림에서 벗어나는 데 도움이 될 서라는 얘기다. 더군다나 이런 식으로 해서 육식이 줄어들면 기후 위기나 숲 파괴를 비롯한 환경문제 해결에도 도움이 된다. 물과 에너지도 절약할 수 있다. 이처럼 동물권은 다양한 측면에서 인류의 복지를 살찌우는 데 이바지할 수 있다.

물고기와 문어도 함부로 대하지 마라

최근 들어 동물을 둘러싼 상황은 조금씩 나아지고 있다. 예를 들어 공장식 축산 시스템에서는 밀집 사육과 동물 학대를 상징하는 상자형 배터리 닭장과 돼지 임신용 우리 등을 금지하는 흐름이 확산되고 있다. 유럽연합(EU)에서 주도하고 있다. 나아가 유럽연합에서는 토끼, 어린 암탉, 메추라기, 오리, 거위 등도 우리 안에 가둬 키우는 방식을 폐지하고, 동물의 질병 치료가 목적이 아니라면 축산업에서 항생제 사용을 금지하는 활동도 펼치고 있다.

동물원도 변화에 함께하고 있다. 세계 곳곳에서 동물의 본성을 최대한 존중하는 생태적 방향으로 동물원을 바꾸려고 애쓰고 있다. 야생에서 다친 채로 구조된 동물들을 데려와 보살펴 주는 활동을 펼치는 동물원, 쇠창살을 없애고 최대한 동물의 본래 서식지와 비슷한 환경을 만들어서 동물에게 제공하는가 하면 활동 영역이 매우 넓은 코끼리나 곰 같은 동물은 애초부터 들이지 않는 동물원 등이 그런 사례들이다. 인상 깊게도, 환경 선진국으로 유명한 코스타리카는 세계 최초로 동물원 폐지 정책을 추진하고 있기도 하다.

동물실험에서도 변화의 움직임이 퍼져나가고 있다. 동물실험의 새로운 윤리적 기준이자 원칙으로 '3R'이 널리 받아들여지는 것이 대표적이다. 3R이란 대체하기(Replacement), 줄이기(Reduction), 개신하기(Refinement)를 뜻한다. '대체하기'란 동물을 실험에 사용하는 대신 최대한 다른 방법으로 대체하는 걸 말한다. '줄이기'란 말 그대로 실험동물의 수를 가능한 한 줄이는 걸 가리킨다. '개선하기'는 실험 절차와 방식을 비롯해 동물이 사는 곳, 먹이, 번식, 운반, 취급 방법 등에서 전반적으로 동물의 복지를 높이는 것을 일컫는 말이다. 무엇보다 요즘은 과학기술 발전에 힘입어 동물실험을 대체할 방법들이 속속 개발되고 있다. 화장품 관련 동물실험을 금지하는 추세도 유럽연합 주도로 점차 널리 퍼지고 있다. 화장품은 질병 치료를 위한 의약품에 견주면 꼭 필요하거나 아주 긴급한 건 아니어서 이런 움직임은 갈수록 활발해질 전망이다. 동물실험을 완전히 없애긴 어려우리라. 하지만 전반적인 세계 흐름은 동물실험을 줄이는 쪽으로 나아가고 있다.

주목할 것은 헌법에서 동물권이나 동물 보호를 천명하는 나라가 늘고 있다는 점이다. 예를 들어 스위스는 1992년에 '동물의 존엄성'을 헌법에 명시했다. 독일은 2002년 헌법에 '동물 보호'를 국가의 책임이라고 규정했다. 남미의 에콰도르는 2008년 헌법에 자연의 생물이 영구적으로 생존하고 번식하고 진화할 권리를 가진다고 선언했다. 이외에도 여러 나라가 동물의 법적 지위를 높이는 변화의 대열에 동참하고 있다. 헌법은 한 나라의 최상위 법이자 근본법이라는 점에서 이런 일련의 변화는 동물권 확장의 흐름에서 또 하나의 값진 이정표라고 할 수 있다. 비록 헌법에 어떤 조항이나 문구가 들어갔다고 해서 현실이 곧바로 바뀌는 건 아니라 하더라도 말이다.

지난 2016년 11월, 아르헨티나에서는 세계 최초로 동물원에 갇혀 있던 동물이 법적 권리의 주체로 인정받아 풀려난 적도 있었다. 세실리아라는 이름의 침팬지가 동료 침팬지들이 죽은 뒤 극심한 외로움에 시달렸는데, 법원은 세실리아를 숲으로 돌려보내라는 판결을 내렸다. 세실리아가 '비인간 인격체'로서 신체의 자유를 누릴 권리가 있다는 것을 법적으로 인정한 것이다.

유럽 여러 나라에서는 포유동물을 넘어 물고기, 문어, 바닷가재 등이 당하는 고통까지도 줄이는 정책을 펼치는 데까지 나아가고 있다. 예컨대 노르웨이 같은 나라에서는 물고기의 고통을 줄이려고 양식 물고기를 죽이기 전에 전기 충격을 가하도록 하고 있다. 물고기를 기절시킴으로써 통증을 느끼는 신경을 마비시키기 위해서다. 스위스, 오스트리아, 뉴질랜드 등지에서는 랍스터를 산 채로 끓는 물에 넣어 요리하는 것이 이미 불법이다. 2021년에는 영국 정부가 척추동물이 아닌 문어, 오징어, 낙지, 바닷가재, 게, 새우 등도 동물복지법의 보호를 받아야 한다고 발표했다. 런던정치경제대학 연구팀이 이런 동물들도 지각이 있는 존재로서 그른 삭는 고통을 느낀다는 사실을 밝혀낸 데 따른 것이다.

이런 얘기들이 아직은 좀 생소하게 느껴지거나 지나치다고 생각될지 모른다. 동물문제에 대한 사회 전반의 인식이 상대적으로 뒤떨어진 축에 속하는 우리나라에선 그럴 개연성이 더 높다. 하지만 세계를 둘러보면 동물권보다 한 차원 더 높은 시도들도 곳곳에서 나타나고 있다. 동물의 권리를 넘어 자연의 권리를 보장하는 움직임이 그것이다.

자연의 권리

최근 뉴질랜드에서는 강과 땅에도 인간과 동일한 법적 자격과 권리를 부여하는 놀라운 일이 일어났다. 뉴질랜드 북섬에는 이 나라에서 세 번째로 긴 황거누이강이 흐른다. 뉴질랜드 원주민인 마오리족은 오랜 세월 이 강과 함께 살아왔다. 자연을 인간과 같은 유기체라고 여기는 이들은 이 강을 신성시하면서 강과 한 몸을 이루어 생활해 왔다. 그런데 이 땅에 갑자기 밀려들어온 서구 백인들은 이 강과 마오리족의 삶에 깃든 평화를 가만히 내버려두지 않았다. 이에 마오리족은 오랫동안 이 강과 얽혀 있는 자신들의 전통과 관습을 지키려고 줄기차게 싸워왔다. 자신들이 이 강과 맺고 있는 '특별한 관계'를 법적으로 인정해 달라는 게 핵심 요구사항이었다. 지난 2017년 3월, 이들의 싸움은 열매를 맺었다. 황거누이강에 인간과 똑같은 지위를 부여하는 법안이 통과된 것이다. 강이 인간이 가진 것과 동등한 법적 권리를 가지게 됐다는 뜻이다. 동물도 아닌 강이 공식적으로 인간과 같은 대우를 받게 된 것은 이것이 세계 최초다.

이로써 황거누이강은 인간의 것이 아닌 그 자신의 것이 되었다. 이제 이 강은 자신의 독자적인 목소리를 낼 수 있게 되었다. 강은 스스로 말하고 행동할 수 없는데 어떻게 이게 가능할까? 뉴질랜드에서는 이 강의 목소리를 대변하는 후견인 두 사람을 임명했다. 마오리족에서 파견한 한 명, 정부에서 지명한 한 명이 그들이다. 이들은 강의 대리자로서 강의 이익을 지키기 위해 다양한 활동을 펼친다. 예를 들어 강을 오염시키는 개발 사업이 추진된다면 이들은 그 사업을 중단하라고 요구하거나 때에 따라서는 법적인 소송을 걸 수도 있다.

강뿐만이 아니다. 땅에도 이런 일이 일어났다. 뉴질랜드 북섬에 있는 테 우레웨라 국립공원은 울창한 원시림과 아름다운 호수 등으로 유명하다. 1954년에 국립공원으로 지정됐는데, 이 지역의 마오리족을 비롯한 많은 사람이 애쓴 결과 2014년 이른바 '테 우레웨라법'이 통과됐다. 이에 따라 테 우레웨라는 정부

소유의 땅이 아니라 스스로 존재하는 독립적 인격체로 인정받았다. 동시에 인격체로서 누릴 수 있는 폭넓은 권리도 보장받았다. 이는 사람이 땅을 소유하는 게 아니라 땅이 사람을 소유한다는 것, 다시 말하면 사람이란 본디 땅에 속한 존재라는 사실을 확인해 주는 사례다.

또 다른 보기는 남미 볼리비아에서 지난 2011년에 제정한 '어머니 지구법'이다. 이 법은 자연의 권리와 그에 걸맞은 정부와 국민의 책임을 구체적으로 법률에 규정한 세계 최초의 사례라는 점에서 큰 주목을 받았다. 이 법은 자연의 권리를 11개 항목으로 제시한다. 존재하고 생존할 권리, 인간의 변형으로부터 자유로운 상태에서 진화하고 생명 순환을 지속할 권리, 깨끗한 물과 청정한 공기의 권리, 평형을 유지할 권리, 오염되지 않을 권리, 유전자나 세포가 조작되지 않을 권리, 지역 공동체와 생태계 균형에 영향을 주는 개발 계획이나 거대 사회기반시설 건설에 영향받지 않을 권리 등이 주요 내용이다.

이런 법이 어떻게 만들어질 수 있었을까? 웅대한 안데스산맥을 끼고 살아가는 이곳 원주민들은 '파차마마(Pachamama, 어머니 지구 또는 대지의 신)'가 모든 삶의 중심에 있다고 믿는다. 파차마마는 창조의 힘으로 지구의 생명을 지탱하고 번창케 하는 여신의 이름이다. 이 믿음에 따르면 인간은 다른 모든 생명체와 마찬가지로 지구를 이루는 수많은 구성원 가운데 하나에 지나지 않는다. 자연에 마땅한 권리를 부여하는 어머니 지구법은 이런 세계관에서 나왔다.

앞에서 언급한 에콰도르의 2008년 새 헌법도 이런 정신의 산물이다. 일반 법률이 아닌 헌법에 동물권을 넘어 자연의 권리를 공식 천명한 사례로는 이것이 세계 최초다. 이 헌법은 생명이 살고 재창조되는 현장인 자연, 곧 파차마마는 존재할 권리, 지속할 권리, 순환하고 재생할 권리를 가진다고 선언한다. 나아가 이 헌법은 국가에 대해 생태계 파괴나 생물 멸종을 일으킬 수 있는 행위들을 예방하거나 제한하는 의무를 지우고 있다. 만약 국가가 이런 의무를 다하지 않으면 일반 시민이 자연을 대신해 법적인 소송을 제기할 수 있다.

강과 땅 같은 자연물이 법적 권리의 주체가 된다? 이제 이는 터무니없는 공상이 아니다. 최근 들어서는 기후위기 시대를 맞아 자연물을 내세운 '기후 소송'이 세계 각지에서 벌어지고 있기도 하다. 오늘날 권리의 지평은 이처럼 이전에는 상상하기도 힘들었던 영역으로까지 넓어지고 있다. 이것이 동물권을 비롯해 권리 없는 존재들의 권리가 확장돼 온 역사의 힘이다.

우리나라는 어디까지 왔을까? 갈 길이 멀지만 최근 들어 고무적인 움직임늘이 나타나고 있는 건 사실이다. 이를테면 지난

2021년 9월, 뒤늦게나마 "동물은 물건이 아니다"라는 조항이 포함된 민법 개정안이 발의됐다. 하지만 안타깝게도 2024년 2월 현재까지 국회에서 통과되지 못하고 있다. 2023년 12월 14일부터는 동물원, 수족관의 '허가제'가 시행됐다. 이는 허술하기 짝이 없었던 기존 '등록제'에 비해 진일보한 것이다. 이제 동물원이나 수족관을 운영하려면 동물의 특성에 맞는 서식 환경을 이전보다 더 엄격한 기준에 따라 갖춰야 한다. 2024년 1월에는 이른바 '개고기 식용 금지법'이 국회에서 통과됐다. 동물 학대의 개념 확장과 함께 처벌 규정도 전보다 강화될 것으로 보인다.

이런 변화는 동물 문제와 관련한 세계적 흐름에 부합한다고 할 수 있다. 하지만 앞서가는 외국 사례들에 비추어볼 때 전체적인 내용과 수준은 여전히 부실하다. 특히 정책의 초점이 반려동물에 맞추어져 있다는 게 문제다. 동물문제의 사실상 핵심은 축산(농장) 동물과 실험동물이라는 점에서 이는 근원적인 한계라고 할 수 있다.

약자와의 연대

명심할 것은 당위적이고 도덕적으로 동물 사랑만 늘어놓는 게 능사는 아니라는 점이다. 동물은 인간과 같기도 하고 다르기도 하다. 뭣보다 인간은 모순적이고 이중적인 존재다. 아무리 동물을 사랑한다고 해도 인간은 다른 동물을 이용하지 않고선 살수 없다. 우리가 지금껏 살아온 삶의 방식과 문명의 조건이 그러하다. 옛날 옛적 원시시대로 돌아가지 않는 한 이것은 부인할 수 없다. 한편으로 동물을 존중하고 배려하면서도 다른 한편으로는 동물을 통해 이득이나 즐거움을 얻으려는 욕구를 버리지 못하는 것이 우리 인간이다. 함께 사는 개나 고양이는 알뜰살뜰 보살피면서도 이들과 다를 바 없는 수많은 다른 동물에 대해선 무심하기 일쑤다. 이런 딜레마 속에서 우리 인간은 이기심을 이겨내면서 동물과 평화롭게 공존하는 방법과 이에 필요한 삶의 감각을 익혀나가야 한다.

물론 걸림돌은 많다. 동물은 열등하고 하찮은 존재여서 마음대로 다뤄도 된다는 고정관념, 인간만이 우월하고 특별하고 고귀한 존재라는 편견, 이런 인간 기득권 중심의 사고방식에 기초하여 만들어진 정치·사회·경제 체제 등을 대표적으로 꼽을 수 있다. 지금의 거대한 동물 학대 시스템은 이런 것들이 중첩되면서 철옹성처럼 견고하게 굳어진 결과다. 하지만 다른 생명체를 체계적이고 조직적으로, 그것도 필요 이상으로 잔혹하게 다루는 것은 오직 인산반이 저지르는 짓이다. 그만큼 동물에 대한 인간의 책임은 매우 무겁다. 이제 이 책임을 다해야 할 때다.

오늘날 동물을 어떻게 대하느냐 하는 것은 문명의 수준을 재는, 즉 인류의 진정한 진보와 인간다움의 성숙이 어디쯤 왔는지를 판별하는 또 하나의 잣대가 되고 있다. 미국 생태학자 칼 사피나는 《소리와 몸짓》에서 어쩌면 동물이 존재할 정당성이 우리가 존재할 정당성보다 더 클지도 모른다면서 그 이유를 이렇게 설명했다. "그들이 먼저 왔으니까. 그들이 우리 존재의 기초에 있으니까. 그들은 필요한 것만 가져가니까. 그들은 주위 삶들과 공존 가능하니까. 그들이 지킬 때 세계는 지속했다. 그들은 우리와 똑같지 않지만, 자신의 삶을 생생하게 체험한다. 그들은 환하게 타오른다. 그들은 세계에 생기를 주고, 세계를 아름답게 만든다. 우리는 그들에게 필요한 것을 많이 빼앗았고, 그들 몫의 양초를 태워버려 불을 침침하게 만들었다."

잔인함에 맞서는 것은 고결하고도 순수한 일이다. 동물은 죄가 없을뿐더러 아무리 부당한 대접을 받아도 저항할 수 없다. 우리보다 약한 존재가 자유와 존엄을 누릴 때 우리가 누리는 자유와 존엄 또한 아름다울 수 있다. 약자와 굳건히 연대할수록 우리는 더 높은 곳으로 나아갈 수 있다. 우리가 발 딛고 사는 대지는 동물의 대지이기도 하다. 우리가 들이마시는 공기와 우리가 먹는 물은 그들의 공기와 물이기도 하다. 동물이 빛날 때 인간도 빛난다. 우리 삶을 더 풍요롭고 환한 길로 이끌어줄 또 하나의 열쇠가 이 생명 연대의 빛이다.

9장

지금은 인류세다

타이타닉 현실주의

1912년 4월 15일, 초호화 거대 여객선이 대서양에서 침몰하는 대형 사고가 일어났다. 영국에서 출발해 미국으로 가다가 그만 빙산과 충돌하고 만 것. 배는 바다 밑으로 가라앉고 1,500여 명이 사망한 대규모 참사였다.

바다 깊은 곳으로 침몰한 배의 이름은 타이타닉. 같은 제목의 영화로도 널리 알려진 이 배는 당시 세계에서 가장 크고 호화로운 배 가운데 하나로 손꼽혔다. 하지만 빙산이 가까이에 있다는 거듭된 경고에도 불구하고 무리한 항해를 계속하다가 끔찍한 재난의 희생양이 되고 말았다. 여기서 나온 말이 '타이타닉 현실주의'다.

영화가 잘 보여주듯 이 거대하고도 휘황찬란한 문명의 배 위에서는 성대한 파티가 벌어진다. 사람들은 즐겁게 먹고 마시고 춤춘다. 이것은 분명한 현실이다. 하지만 또 다른 엄연한 현실이 있다. 그늘이 파티를 즐기는 사이에도 시시각각 다가오고 있던 파국이 그것이다. 환락은 분별력을 마비시켰다. 그들은 당장 눈에 보이는 '껍데기' 현실에 홀려 정작 그들의 운명을 진짜로 판가름할 '알맹이' 현실은 알아차리지 못했다. 이것이 타이타닉 현실주의다.

타이타닉 현실주의는 반복된다. 21세기를 살아가는 우리도 여기서 자유롭지 않다. 우리 또한 자본주의 성장 체제라는 타이타닉호를 타고서 꽤 오랫동안 무한 성장과 무한 낭비의 파티를 신나게 즐겨왔다. 이 배에는 대량생산-(대량유통)-대량소비-대량폐기 시스템이라는 화려한 파티장이 차려져 늘 성황을 이루었다. 거기서 사람들이 진탕 먹고 마신 것은 화석연료였다. 이것이 우리의 현실이다. 그러나 오래전 저 타이타닉호가 그랬듯 우리에게도 또 하나의 엄연한 현실이 병존한다. 그것을 일컫는 이름이 바로 '인류세'다. 이것은 배 한 척이 침몰하는 정도에서 끝나는 게 아니다. 지구와 인류 전체의 운명이 걸려 있다.

타이타닉호 사람들은 빙산과 충돌할 때까지도 대참사가 자신들을 덮치리라는 걸 인지하지 못했다. 혹은 적어도 진지하게 받아들이지 않았다. 우리도 다르지 않다. 진즉에 인류세라는 또 하나의 현실이 이 지구에서 펼쳐지고 있었음에도 극히 최근에 이르러서야 이에 관한 이야기가 시작됐다. 타이타닉호는 비극을 피할 수 없었다. 우리는 어떨까?

인류세(人類世, Anthropocene)란 간단히 말해 인간이 최근에 만들어낸 새로운 지질시대를 가리키는 용어다. 노벨화학상 수상자인 네덜란드 대기화학자 파울 크뤼천이 2000년에 "우리는 인류세에 살고 있다"라고 선언하면서 단박에 뜨거운 이슈로 떠올랐다. 본래는 지질학적 연대를 가리키는 전문 학술용어였다. 하지만 '인류세'라는 말 자체가 내뿜는 강력하고도 선명한 상징 이미지 덕분인지 이제는 일반인들한테도 널리 알려졌다.

지질시대란 지구 표면에 지각이 생긴 뒤부터 역사시대 이전까지의 시대를 뜻하는 말이다. 굵직하게는 선캄브리아대, 고생대, 중생대, 신생대로 나뉘며, 이 각각의 대(代)는 다시 기(紀), 세(世), 절(節) 등으로 세분된다. 약 1만 1,700년 전에 시작된 지금의 지질시대 이름은 홀로세(Holocene)다. 신생대 제4기에 해당하는 시기로서 '현세' 또는 '충적세'라 부르기도 한다. 말했듯이 이때부터 인류는 농업과 정착 생활을 시작했다.

인류세 이야기는 이 홀로세와 구별되는, 인간이 만들어낸 인류세라는 새로운 지질시대가 시작됐다고 말한다. 이것이 커다란 충격파를 던진 이유는 자연이 아닌 인간이 아주 짧은 시간 동안 지질시대를 바꿔 놓았다고 주장해서다. 이제껏 모든 지질시대의 변화는 자연의 작용이자 현상이었다. 전적으로 자연 스스로 하는 일이었다. 한데 지구 역사의 획을 긋는 거대한 변화가 자연이 아닌 인간 활동의 결과로 일어났다는 것이다. 기존 상식을 뒤엎는 초유의 대격변이 발생한 셈이다.

무엇이 인류세를 만들어 냈을까? 핵심은 인간 활동이 일으킨 환경파괴와 생태 재앙이다. 이로 인해 지구에는 인간의 거대한 '발자국'이 새겨졌다. 이 발자국 하나하나가 새로운 지질시대가 시작됐음을 실증하는 구체적 근거들이다. 방사성 물질, 대기중 이산화탄소를 비롯한 온실가스 농도, 화학비료의 질소 성분 등이 일으킨 토양 변화, 플라스틱, 콘크리트, 닭 뼈 등이 꼽힌다. 이런 것들이 지구 자연 곳곳에 인간이 새겨놓은, 그럼으로써 이전 지질시대와 확연히 구분되는 '지질학적' 흔적들이다. 인간 문명이 토해놓은 온갖 쓰레기 더미가 지구에 퇴적된 결과가 곧 인류세라는 얘기다.

이 가운데서도 홀로세의 주요 특징이었던 안정적인 기후 시스템이 급격히 무너지고 있다는 점이 중요하다. 인간이 화석연료를 대량으로 사용하면서 지구 대기 중 이산화탄소의 양이 급증했고, 이는 지구 대기의 화학적 조성과 지구 전체의 생태적 조건을 크게 변화시켰다. 실제로 오늘날 인류가 사용하는 에너지의 80% 이상이 화석연료에서 나온다. 현대 문명을 화석연료 문명이라 부르는 까닭이다. 이 화석연료 문명이 문자 그대로 화석이 될 수도 있다는 게 인류세의 경고다. 플라스틱을 비롯한 인공 합성물들과 이것이 남긴 미세 플라스틱 입자 등은 지구 여기저기에 쌓여 지질학적으로 유의미하게 구분되는 새로운 지층을 형성했다. 핵실험과 핵발전소 사고 등으로 발생하는 방사능 낙진도 지구 토양을 거의 영구적으로 변화시킬 가능성이 크다.

종 다양성 감소를 위시한 생물상 급변 사태도 빼놓을 수 없다. 이를테면 홀로세가 시작된 1만여 년 전만 해도 이 세상은 야생동물 천지였다. 모든 동물 가운데 99% 이상이 야생동물이었다. 지금은 뽕나무밭이 바다가 된 것처럼 달라졌다. 보통 중량 혹은 에너지의 양으로 나타내는 바이오매스(biomass, 생물량)를 기준으로 할 때 오늘날 지구상에 존재하는 모든 포유류 가운데 야생 포유류는 5%도 채 되지 않는다. 나머지 95% 이상은 인간과 인간이 사육하는 가축이다. 조사 결과에 따라 조금씩 다르긴 하지만 대략 인간이 30~35%, 가축이 60~65% 정도를 차지한다.

특히 전 인류가 해마다 소비하는 닭은 650억 마리에 이른다. 인류세를 상징하는 화석의 대표 주자는 닭 뼈가 될 거라는 주장이 나오는 이유다. 공룡 뼈가 중생대 백악기를 대표하는 화석으로 꼽히듯이 말이다. 현대에 들어 닭은 본래 형태와는 달리 다리와 가슴이 커졌다. 인간이 먹기 좋게 품종 개량이 이루어진 탓이다. 지금의 닭 뼈와 옛날의 닭 뼈를 구분할 수 있다는 얘기다. 이 모두 인류가 이 지구와 생물계 전체를 얼마나 크게 바꿔 놓았는 지를 보여주는 단면들이다.

지구는 지권(땅), 수권(물), 기권(공기), 생물권(동물, 식물, 미생물), 외권(우주) 등이 끊임없이 상호작용하면서 균형을 유지한다. 그럼으로써 역동적이고 통합적인 거대 시스템을 이룬다. 지구 시스템 과학에서는 지구를 물리적·화학적·생물학적 구성요소들과 인간으로 이루어진 하나의 자기 조절적 시스템으로 보기도 한다. 그런데 인간의 힘이 너무 강력해지고 이 힘을 바탕으로 한 인간 활동이 '행성적 한계'를 넘어설 정도의 어마어마한 규모와 강도로, 그것도 갈수록 가속적으로 가해졌다. 그 바람에 지구 시스템 전체의 기능과 질서가 망가지고 헝클어져 버렸다. 인류세는 이렇게 도래했다.

그렇다면 인류세는 언제 시작됐을까? 몇 가지 견해가 있다.

첫 번째는 신석기시대로까지 거슬러 올라간다. 인류가 농경 생활을 하면서부터 지구 환경이 크게 바뀌기 시작했다는 주장이다. 두 번째는 15세기 말 이후 본격화된 유럽인들의 아메리카 대륙 침략과 식민화 때부터라는 의견이다. 토착 원주민 문명 말살과 유럽 문명의 강제 이식이 지구 환경 전반에 끼친 영향에 주목하는 입장이다. 세 번째는 18세기 산업혁명 때부터라는 주장이다. 산업혁명이 기폭제가 되어 공장제 대량생산 시스템과 화석연료 시대가 열렸고, 이를 계기로 지구 환경이 결정적으로 변하게 됐다는 것이다.

눈여겨볼 것은 제2차 세계대전 직후인 1950년대부터 인류세가 본격 시작됐다는 네 번째 견해다. 지구 환경을 망가뜨리는 주범인 자본주의 시스템의 세계적 확산과 소비 자본주의의 대중화, 이와 맞물려 진행된 산업화와 도시화 등이 본격 시작된 시점이 이때라는 것이다. 컨베이어 벨트 도입에 따른 일관 작업 방식과 연속 공정 기술 등으로 상징되는 포디즘(Fordism)이 등장한 것이 이 시기다. 이는 표준화, 규격화된 제품을 대량생산하는 데 최적화된 생산 시스템이자 축적 체제로서 이후 자본주의의 고도성장을 이끄는 견인차 구실을 했다. 산업화된 공장식 축산업, 오늘날 쓰레기의 대명사가 되다시피 한 플라스틱의 대량생산과 대량소비 등이 본격적으로 시작된 것도 이때부터다. 이 시기 전후로 이루어진 핵폭탄 사용과 잇따른 핵무기 실험 등이 초래한 방사능 낙진을 특별히 강조하는 시각도 있다.

실제로 이산화탄소 농도, 열대우림 손실, 해양 산성화, 토지 개간 등을 비롯한 지구 시스템 지표는 물론, 에너지와 자원 사용량, 물 사용량, 인구, 폐기물의 양·종류·독성 등 인간 활동과 관련된 사회경제 지표가 1950년대를 기점으로 급변 추세를 보였다는 사실이 과학자들의 연구 결과로 밝혀졌다. 이에 1950년대를 '거대한 가속(the Great Acceleration)'의 시기라 부른다. 최근 인류세 시작 시점을 둘러싼 논쟁의 결론은 이 네 번째 견해로 정리되고 있다. 지질시대를 공인하는 기구인 국제지질과학연맹(IUGS) 산하 국제층서위원회(ICS)에서 지난 2009년에 출범시킨 인류세 워킹그룹(AWG)도 2019년에 인류세의 시작 시점을 1950년대로 결정한 바 있다.

인류세를 둘러싼 다양한 견해는 시작 시점뿐만 아니라 명칭에서도 나타난다. 그중에서도 특히 눈길을 끄는 것은 인류세 대신에 '자본세(Capitalocene)'라는 용어를 써야 한다는 주장이다. 문제의식은 이렇다. 인류세라는 용어는, 표현 자체에서도 드러나듯이, 생태 재난의 원인을 보편적이고 추상적인 인류 전체로 상정하는 듯한 뉘앙스를 물씬 풍긴다. 그래서 지금의 상황을 하나의 '큰 그림'으로 보여주는 데는 효과적이다. 인류세 이야기에 종종 등장하는 인류 모두의 공동 운명, 공동 책임, 공동 대응 등과 같은 말들은 퍽 그럴싸하게 들린다. 반면에 인류세 명칭은 문제의 구체적 실체나 현실적 맥락을 놓칠 수 있다. 특히 위기의 근본 원인과 책임은 어디에 있는지, 위기로 초래되는 피해와 고통은 누구에게 집중되는지, 위기 해결의 의무는 누가 가장 크게 져야 하는지 등과 같은 사안들은 은폐되거나 모호해지는 역효과를 낳을 수 있다.

자본세 용어 주장은 실체가 불분명한 인류 전체가 아니라 문제의 핵심인 자본주의 시스템을 정조준한다. 그럼으로써 위기의 원인과 책임 소재를 명확히 가리고자 한다. 인류세의 시발점이 자본주의 시스템의 전 지구적 확산과 공고화가 본격적으로 이루어진 1950년대부터라는 주장도 이와 관련이 깊다. 이미 널리 퍼진 인류세라는 용어를 계속 쓰더라도 자본세 주장이 환기하는 날카롭고도 중요한 문제의식은 충분히 고려할 만하다.

이미 보편적으로 받아들여지고 있는 인류세는 머잖아 공식적인 지질시대로 인정받게 될지도 모른다. 인류세 워킹그룹은 2023년 7월, 캐나다 온타리오주 남부에 있는 작은 호수인 크로퍼드 호수를 인류세를 대표하는 표준 지층, 곧 국제표준층서구역(GSSP)으로 지정했다. 이 호수는 면적은 작지만 수심이 깊고 다른 동식물들의 영향을 거의 받지 않은 것으로 알려졌다. 그 덕분에 호수 바닥 퇴적층에 쌓인 각종 물질이 고스란히 보존돼 지구에 남긴 인간의 발자취를 잘 보여준다고 한다. 인류세의 공식

비준 여부는 국제층서위원회 등의 투표 절차를 거쳐 2024년 8월 우리나라 부산에서 열리는 세계지질과학총회(IGS)에서 최종 결정될 예정이다. 결과를 섣불리 전망하긴 힘들다. 인류세 워킹그룹 관계자들은 지구가 인류세에 들어섰다는 강력한 논리와 명백한 근거가 있다면서 나름대로 자신감을 내비치고 있다. 만약 2024년 8월에 인류세가 공식 인정된다면 우리 인류는 이제 새로운 지질시대에서 살아가게 된다.

인간과 자연의 공동 역사

우스꽝스러운 것은 인류세를 만들어낸 인간이 바로 그 인류세 속에서 인간 자신의 생존을 걱정해야 할 지경에 이르렀다는 점이다. 비극적인 희극이자 희극적인 비극이다. 인류세는 인간이 지구의 역사를 바꿀 정도로 엄청난 힘을 거머쥐었다는 것을 뜻한다. 문제는 그 힘을 스스로 조절하지도 통제하지도 못한다는 데 있다. 그 바람에 오늘날 인류는 파멸의 가능성과 구원의 가능성 사이에서 혼돈의 가시밭길을 걷고 있다. 그 가시밭길은 예측하기 힘든 위험과 위기, 그 끝을 가늠하기 어려운 두려움과 불확실성이 곳곳에 도사리고 있는 미지의 영역이다. 기후위기는 그 표상이다. 이것이 인류세를 만들어내고 그 속에서 살아가는 인간이 처한 얄궂은 운명이다.

여태껏 경험해 보지 못한 이런 새로운 상황은 우리에게 무엇을 요구하는가? 가장 중요한 일은 지구와 인간을 새로운 방식으로 이해하는 것이다. 여기서 만나게 되는 것이 앞에서도 강조한 통합적 관계론 혹은 관계적 존재론이다. 인류세야말로 이 얘기에 딱 들어맞는다. 인간의 역사와 자연의 역사가 만나 하나로 뒤얽힌 결과가 인류세여서다. 이제 인간과 자연은 역사 공동체이자 운명 공동체로 묶였고, 이로써 인간과 지구를 동시에 아우르는 공동의 이야기가 생겨났다. 이 이야기는 인간과 자연이 함께 엮어가는 '지구 역사(geohistory)'의 통합적 거대 서사를 이룬다.

이 새로운 역사에서 인간이 독자적으로 자신의 역사를 이끌어간다는 식의 낡은 근대적 인식은 설 자리가 없다. 인간과 지구는 서로 통합된 하나의 공동 운명체이기에 이제 역사는 인간과 인간 아닌 존재 사이의 상호작용과 상호 협력으로 펼쳐질 것이다. 인류세에서는 인간만이 아니라 모든 존재가 지구 역사의 주인공이다. '지구의 법'을 따르는 것이 인류의 새로운 규범으로 떠오른 것이다. 이렇게 해서 인류세에서는 인간의 위상과 역할, 인간이 세계와 관계 맺는 방식 등이 전면적으로 재구성된다. 이는 인간과 세계에 대한 철학적, 존재론적 이해의 대전환이라고 할 수 있다.

인류세 이야기를 흔쾌히 수긍하기가 껄끄러운가? 사실 우리는 인간이기에 인간 중심의 사고방식을 떨쳐내기란 쉬운 일이 아니다. 천동설과 지동설을 비교해 봐도 그렇다. 천동설은 터무니없는 얘기다. 하지만 지구에 사는 우리의 일상적인 경험이나 관찰에는 잘 들어맞는다. 아침에는 해가 뜨고 저녁에는 해가 진다. 지구는 가만히 있고 태양이 움직이는 것처럼 보인다. 지동설은 객관적 사실이다. 하지만 지동설을 이해하고 받아들이려면 나름의 지식과 추론이 밑받침돼야 한다. 해가 뜨고 진다는 말은 비과학적이지만, 우리는 이런 표현에 길들어 있고 그만큼 자주 쓴다. 인류세 이야기는 지동설이 천동설을 격파한 '코페르니쿠스적 전환'이 인간과 자연의 관계에서도 일어나야 한다고 촉구한다. 이 정도의 혁명적 전환 없이는 지금의 위기를 돌파하기 어려워서다.

'책임의 생태학'을 위하여

이 전환을 이루어가는 데서 우리가 갖춰야 할 태도는 새로운 인간 중심주의다. 인간-자연 이분법에 기초해 인간의 자연 지배

를 당연시하고 인간만이 이 지구의 주인이자 중심이라는 생각
은 혁파해야 할 낡은 인간 중심주의다. 이에 견주어 새로운 인간
중심주의는 인류세를 맞아 지구라는 행성의 운명이 우리 인간
이 어떻게 하느냐에 달렸다는 사실을 성찰적으로 자각하고 이
에 따른 책임을 다하겠다는 결의의 표현이다.

　인간은 여태껏 자신의 힘을 너무 무절제하게 사용해 왔고
그 결과 인류세가 들이닥쳤다. 이제는 힘의 과시와 남용을 절제
해야 한다. 동시에 그 힘을 훨씬 더 현명하고 사려 깊게 사용해
야 한다. 이것이 인간의 힘이 자연의 힘에 맞먹는 새로운 지질시
대에 필요한 새로운 인간 중심주의의 핵심이다. 키워드는 '책임
(감)'이다. 낡은 인간 중심주의 아래서 인간은 오랫동안 자기 행
위의 결과에 책임을 지지도 않으면서 자신의 힘을 아무렇게나
휘둘러 왔다. 무책임과 방종의 악순환이었다. 새로운 인간 중심
주의는 그 반대로 인간에게는 지구를 잘 보살피고 치유할 책임
과 의무가 있다는 사실을 준엄하게 받아들인다.

　낡은 것이든 새로운 것이든 이 또한 인간 중심주의의 또 다
른 변종이거나 아류라는 비판이 얼마든지 제기될 수 있다. 깊이
새겨야 할 점이다. 새로운 인간 중심주의는 그래서 인간이 궁극
적으로 자연 세계의 힘에서 벗어날 수 없다는 점을 명심한다. 인
간이 그 어느 때보다 강력한 힘을 갖춘 건 사실이지만 인간은 자

연에 속한 존재다. 우리가 책임지고 해야 할 일 또한 자연 안에서, 자연과 함께 마무리해야 한다. 기억할 것은 이 책임이 자유에서 말미암는다는 사실이다. 우리는 우리가 가진 자유로 무엇을 할 것인가? 우리의 자유를 어떻게 사용할 것인가? 인류세가 던지는 또 하나의 질문이 이것이다. 우리 시대가 엉망진창이 돼버린 이유는 이 질문에 틀린 답을 내놓은 탓이다. 오랫동안 우리는 이 자유를 지구를 지배하고 정복하는 데만 사용해 왔다. 그것도 아주 폭력적이고 파괴적인 방식으로. 하지만 이제 자유란 것이 필연성과 동떨어져 행사될 수 없다는 사실을 깨달아야 한다. 진정한 책임감은 여기서 나온다.

이런 논의를 오스트레일리아의 경제학자 클라이브 해밀턴은 《인류세》라는 책에서 이렇게 갈무리한다. "자유는 자연에 엮여 있고, 매여 있다. 자연과 연결되어야 한다. 자유의 근원이 자연 전체 내에 있음을 알게 되면 무거운 책임감이 따라온다. 자연을 보호하고 개선하기 위해, 또한 새로운 세상을 만들어가며 자연의 한계 내에서 살아가기 위해 책임감을 가져야 하는 것이다. 이런 윤리는 다른 모든 것과 마찬가지로 선택할 수 있는 자유에서 비롯되지만 다른 것들과는 달리 필연의 영역에 뿌리를 두고 있다. 자유가 자연에 엮여 있다면 책임 또한 자연에 엮여 있다."

지금까지 자유는 대개 인간관계 안에서만 이해되었다. 하지만 인류세의 문턱을 넘어선 지금은 지구와의 관계 속에서 자유를 이해해야 한다. 인간과 자연, 필연과 자유가 복합적으로 교차하는 새로운 고난도의 방정식을 풀어야 하는 것이 지금의 상황이다. 영어 'respond'는 '응답하다, 대답하다'라는 뜻이다. 여기서 책임이라는 뜻의 영어 단어 'responsibility'가 나왔다. 지구의 목소리를 귀담아듣기. 그 목소리에 공감하고 응답하기. 이것이 인류세를 맞아 우리 인간이 져야 할 책임의 요체다. 인류세에서 인간의 자유는 이 책임을 다함으로써 실현된다.

생태주의 일각에서는 인간을 지구에 해악만 끼치는 암세포 같은 존재로 여기기도 한다. 진단 측면만 보면 그리 틀린 말은 아닐 수도 있다. 문제는 처방이다. 인간이 암적 존재일 뿐이라면 인간은 빨리 멸종할수록 좋다. 암을 고치려면 암세포를 죽이거나 도려내야 하듯이 말이다. 인류가 건설한 문명 또한 어서 빨리 무너져 내려야 한다. 우리가 가야 할 길이 이런 걸까? 인간이 파국을 자초할 정도로 크나큰 잘못을 저질러 왔다는 건 분명한 사실이다. 그렇지만 인간은 동시에 자신의 과오를 성찰하고, 문제와 그 문제의 원인이 무엇인지를 알아내며, 문제를 해결하고 위기를 극복하기 위해 분투할 줄 아는 능력도 갖추고 있다. 만약 인간에게 모종의 특별함이나 위대함이 있다면 이는 바로 이런 능력을 통해서 구현될 수 있다.

이제 이 점을 깊이 새기면서 인간과 자연이 함께 번영하는 방향으로 인간이 지닌 상상력과 창의력을 발휘할 때다. 이는 인간과 비인간 존재가 서로 힘을 합쳐 이뤄내야 할 과업이다. 인류세가 요청하는 것은 이처럼 인간과 지구의 공진화(共進化)를 이룰 새로운 연대다. 이 연대를 가능케 할 새로운 지혜와 용기다. 인류세를 맞아 인간은 자기 자신은 물론 이 지구의 운명까지 판가름할 중대한 갈림길에 섰다. 겸허하면서도 담대한 책임감을 바탕으로 이 지구를 새로운 연대와 결속의 생명 공동체로 바꿔 나가야 한다.

인간학 없는 생태론은 공허하고 생태론 없는 인간학은 맹목이다. 진정한 생태론과 새로운 인간학은 서로를 채우고 보완해야 한다. 우리에게 필요한 것은 '책임의 생태학'이다. 인간이 지구-자연과 이제까지와는 다른 관계를 맺어야 하며, 이를 위해서는 먼저 인간 스스로 새롭게 거듭나야 한다. 이런 노력이 성공적인 열매를 맺으리라고 장담하긴 힘들다. 필시 멀고도 험난한 여정이리라. 하지만 우리가 갈 길은 이것밖에 없다.

한계 안에서 살기

"우렁찬 건설의 수레 소리가 동해를 진동하고 공업생산의 검은 연기가 대기 속에 뻗어나가는 그날엔, 국가와 민족의 희망과 발전이 눈앞에 도래하였음을 알 수 있는 것입니다."

울산은 우리나라 산업화를 상징하는 도시다. 이 문구는 이 도시의 교통 요지에 설치된 공업탑에 새겨져 있다. 박정희가 썼다는 건립 기공식 치사문의 한 대목이다. 지난날 우리가 살아온 방식이 이랬다. 우리나라뿐만 아니라 세상 전체가 이랬다고 해도 지나친 말이 아니다. 그 결과가 무엇인지는 이 책에서 살펴본 대로다. 그토록 경제성장에 목을 매던 박정희는 결국 부하가 쏜 총에 맞아 죽었다. 독재자의 비참한 말로였다.

"진짜 가난한 사람은 가진 게 적은 사람이 아니라 아무리 많이 가져도 만족하지 않는 사람입니다. 인생에서 가장 중요한 것은 물질의 풍요가 아니라 삶을 누릴 수 있는 시간입니다."

이것은 2010년부터 2015년까지 우루과이 대통령을 지낸 호세 무히카가 남긴 말이다. 그는 대통령이라는 그 높은 권력자 자리에 있을 때도 가난하고 검소하게 생활한 것으로 유명하다. '페페'라는 애칭으로 불렸고, 늘 자기 직업을 농부라고 스스럼없이 밝혔다. 정치가에게 가장 이상적인 삶의 방식은 자신이 봉사하고자 하고, 또 대표하고자 하는 대다수 사람처럼 사는 것이라고 믿었던 그는 대단히 희귀하게도 대통령으로 취임할 때보다 퇴임할 때 더 큰 국민적 인기와 신망을 누렸다. 그가 정계 은퇴를 선언했을 때 수많은 이가 이런 작별 인사를 전했다. "그라시아스(고마워요), 페페."

우리는 가난한가, 부유한가? 이 세상은, 또 현대 자본주의 산업 문명은 어떠한가? 울산 공업탑의 기준에 따르면 "희망"과 "발전"이 차고 넘치겠지만, 호세 무히카의 기준에 따르면 여전히 가난하달 수밖에 없다. 이 책에서 전하고자 한 이야기는 이 지긋지긋한 가난의 굴레를 벗어던지고 참된 풍요의 사회, 진정한 기쁨의 삶을 일구자는 제안이다. 나는 자본주의 성장 체제의 역사가 낳은 가장 큰 불행이 수단은 부유해졌지만 목적은 빈곤해졌다는 사실이라고 생각한다. 그 바람에 수단이 목적을 집어삼키는 지경에 이르렀다. 이 지구가 위기의 벼랑 끝으로 내몰리고 우리 삶이 누추하고 왜소해진 근본 이유가 여기에 있다. 목적이 빈곤해졌는데 수단이 아무리 부유해진들 그게 무슨 소용인가.

변화의 출발점은 한계에 대한 성찰이다. 강조했듯이 먼저 해야 할 일은 우리 문명과 체제, 그리고 삶의 방식 마디마디에 한계가 있다는 사실 자체를 겸허히 받아들이고 수긍하는 것이다. 다음 과제는 그 마디마디에 적절한 한계를 설정하고, 그 한계 안에서 우리 문명과 삶이 영위될 수 있도록 세상과 각자의 생활을 새롭게 재구성하는 것이다. 나는 이것이 오늘날과 같은 위기 상황에서 우리가 인간으로서 발휘해야 할 가장 소중한 지혜이자 제일 담대한 용기라고 생각한다.

사실 한계에 관한 이야기는 새로운 게 아니다. 한계의 필요성이나 중요성을 강조하는 이들은 오래전부터 있었다. 하지만 현실은 크게 달라지지 않았다. 왜 그럴까? 적잖은 사람에게 한계에 관한 이야기는 뭔가 불편하거나 부담스럽게 받아들여지기 때문인 듯하다. 누리고 싶은 대로 누리며 사는 것, 되도록 편안하게 살고 싶은 것이 인지상정이다. 없는 욕망마저 잘도 만들어내고 그런 욕망의 무한 추구를 끝없이 부추기는 자본주의 성장 체제 아래서 이런 삶의 방식은 철벽처럼 굳어졌다.

한계 이야기는 이런 현실을 비판한다. 나아가 이런 현실을 넘어서자고 주장한다. 익숙하게 길든 것을 문제 삼으니 불편함이나 저항감 같은 마음이 드는 건 당연하다. 개인 차원을 넘어 범위를 더 넓히면, 한계 이야기가 인간과 사회의 발전 가능성이나 잠재력을 제약하는 것으로 여겨질 수도 있을 법하다. 얼핏 뭔가에 가둬지는, 그래서 좀 비좁고 답답한 얘기로 들릴 수 있다. 하지만 실상은 그 반대다.

앞에서 언급한 바 있는 코르넬리우스 카스토리아디스는 생태학의 본질은 자연에 대한 사랑이 아니라 지구에 대한 인간 존재의 한계를 스스로 정하는 것이라고 했다. 그러고선 이것이 진정한 자유라고 갈파했다. 나는 이에 전적으로 동의한다. 한계 이야기는 생명의 힘과 삶의 자유를 제대로 한번 꽃피워 보자는 이야기다. 그러므로 졸아드는 게 아니라 더 커지는 일에 관한 이야기다. 억압, 구속, 인내 등의 강요가 아니라 자유의 확장에 관한 이야기다. 우리가 인간의 참된 품격과 명예를 드높일 수 있는 길이 여기에 있다.

따라서 한계를 생각할 때, 당위적 이해에 머물거나 도덕적 엄숙주의에 빠지는 것은 어리석은 일이다. 한계에 관한 문제의식을 길잡이 삼아 우리가 가야 할 길을 마지못해서가 아니라 되도록 즐겁고 명랑하게 가는 것이 우리 앞에 놓인 과제다.

이를 위해 함께 열심히 갈고닦자고 요청하고 싶은 세 가지 능력이 있다.

첫 번째는 공감하고 연대하는 능력이다. 핵심은 고통을 함께 나누는 것이다. 단순히 고통을 견디고 이기는 능력만으로는 부족하다. 타인을 비롯한 다른 존재의 고통을 예민하게 감지하고 의식하며, 나아가 이들과 공감하고 연대할 줄 아는 능력이 필요하다. 따져 보면 우리가 어떤 고통을 극복할 수 있는 것도 고통을 함께 나누는 덕분이 아닐까? 지금은 이런 능력을 인간과 인간의 관계를 넘어 인간과 자연의 관계로까지 드높여야 할 때다.

두 번째는 자기중심적인 이기심에 맞서 싸우는 능력이다. 사람은 누구나 이기적이다. 하지만 우리가 마냥 이기적 본성에만 찌들어 있는 건 아니다. 이기적 마음과 이기심을 극복하려는 마음 사이에 벌어지는 끊임없는 긴장과 경합, 그 만만찮은 갈등과 투쟁 속에서 우리는 살아간다. 늘 성공하는 건 아니지만 때로는 내 마음속의 이기심을 거스를 줄도 알고 물리칠 줄도 안다. 공감과 연대의 능력은 이런 능력과 긴밀한 선순환 관계로 엮여 있다.

세 번째는 현실의 '너머'를 내다보고 상상할 줄 아는 능력이다. 지금의 현실 너머에는 무엇이 있는가? 무엇이 있어야 하는

가? 그것을 위해 무엇을 해야 하는가? 우리가 처한 현실이 무척이나 고단하고 지리멸렬해도 우리는 이런 생각을 가다듬으며 오늘과는 다른 내일을 꿈꿀 수 있다. 기획할 수도 있고 준비할 수도 있다. 아마도 이것이 희망의 다른 이름일 터이다. 우리가 현실을 바꿀 수 있는 건 현실 너머를 사유할 수 있어서다.

대량생산-(대량유통)-대량소비-대량폐기의 악순환 사슬을 엔진으로 하여 굴러가는 자본주의 무한 성장 시스템. 효율과 경쟁과 속도를 떠받들며 그 결과 불평등을 비롯한 갖가지 사회적 재난을 일으킬 수밖에 없는 시장주의 이데올로기. 소유와 소비를 끊임없이 늘리는 것을 행복의 지름길이라 여기는 물신주의 삶의 방식. 지금의 이런 지배적인 문명과 생활양식의 '유통기한'은 언제까지일까?

정말 이젠 무턱대고 앞으로 내달리기만 해서는 안 될 것 같다. 그렇게 달려가는 길의 끝에는 무엇이 기다리고 있는지, 그리고 도대체 왜, 무엇을 위해 달리는지를 생각해 봐야 하지 않을까? 아무리 속도가 빨라도 방향이 틀렸다면 그 질주는 의미가 없다. 아무리 높이 쌓아 올려도 바닥이 모래밭이라면 그 성장은 무너져 내릴 수밖에 없다. 아무리 많이 가졌어도 삶의 자유와 내면의 충만함을 누리지 못한다면 그 풍요는 가짜에 지나지 않는다. 이것이 이 세상과 우리 삶의 진실이다.

개인이든 사회든 이제 앞의 세 가지 능력을 자양분 삼아 새롭게 터득해야 할 것은 욕구와 필요를 구별하는 법, 소유 및 소비의 양과 삶의 질을 구별하는 법, 곧 본질적인 것과 비본질적인 것을 구별하는 법이다. 부와 행복을 다르게 정의하고 이를 바탕으로 부와 행복의 참 원천을 새로이 찾아낼 줄 아는 지혜를 갖출 때다. 그런 삶의 감각과 태도를 배우고 익힐 때다. 이래야만 거꾸로 선 목적과 수단을 바로 세울 수 있다. 우리가 소망하는 새로운 미래로 달려갈 녹색 열차의 시발역이 여기다.

참고한 책들

《가이아》제임스 러브록, 홍욱희 옮김, 갈라파고스, 2004.

《거대한 전환》칼 폴라니, 홍기빈 옮김, 도서출판 길, 2009.

《경제성장이 안되면 우리는 풍요롭지 못할 것인가》더글러스 러미스,
   김종철·최성현 옮김, 녹색평론사, 2011.

《과거의 거울에 비추어》이반 일리치, 권루시안 옮김, 느린걸음, 2013.

《과학기술의 사회학》이영희, 한울아카데미, 2007.

《과학이 해결해주지 않아》장성익, 풀빛미디어, 2016.

《과학, 일시정지》가치를꿈꾸는과학교사모임, 양철북, 2009.

《굿 워크》E. F. 슈마허, 박혜영 옮김, 느린걸음, 2011.

《기후위기와 자본주의》조너선 닐, 김종환 옮김, 책갈파, 2019.

《기후정의》한재각, 한티재, 2021.

《나는 풍요로웠고, 지구는 달라졌다》호프 자런, 김은령 옮김, 김영사,
   2020.

《나중에 온 이 사람에게도》존 러스킨, 김석희 옮김, 열린책들, 2009.

《낭비 사회를 넘어서》세르주 라투슈, 정기헌 옮김, 민음사, 2014.

《내가 믿는 세상》E. F. 슈마허, 이승무 옮김, 문예출판사, 2003.

《녹색전환》환경부 엮음, 한울아카데미, 2020.

《다른 세상을 위한 7가지 대안》파블로 솔론 외, 김신양 외 옮김, 착한책
   가게, 2018.

《다시 낙타를 타야 한다고?》장성익, 풀빛미디어, 2020.

《당신의 쓰레기는 재활용되지 않았다》미카엘라 르 뫼르, 구영옥 옮김,
   풀빛, 2022.

《도넛 경제학》 케이트 레이워스, 홍기빈 옮김, 학고재, 2018.

《동물권리선언》 마크 베코프, 윤성호 옮김, 미래의창, 2011.

《동물도 우리처럼》 마크 롤랜즈, 윤영삼 옮김, 달팽이, 2018.

《동물 윤리 대논쟁》 최훈, 사월의책, 2019.

《동물 해방》 피터 싱어, 김성한 옮김, 연암서가, 2012.

《디그로쓰》 요르고스 칼리스 외, 우석영·장석준 옮김, 산현재, 2021.

《리얼리티 버블》 지야 통, 장호연 옮김, 코쿤북스, 2021.

《물건 이야기》 애니 레너드, 김승진 옮김, 김영사, 2011.

《사이보그가 되다》 김초엽·김원영, 사계절, 2021.

《삶은 기적이다》 웬델 베리, 박경미 옮김, 녹색평론사, 2006.

《성장을 멈춰라!》 이반 일리치, 이한 옮김, 미토, 2004.

《성장의 한계》 도넬라 H. 메도즈 외, 김병순 옮김, 갈라파고스, 2012.

《세상을 바꾼 과학논쟁》 강윤재, 궁리, 2011.

《소리와 몸짓》 칼 사피나, 김병화 옮김, 돌베개, 2017.

《소비의 사회》 장 보드리야르, 이상률 옮김, 문예출판사, 2015.

《숲에서 우주를 보다》 데이비드 조지 해스컬, 노승영 옮김, 에이도스,
  2014.

《시계 밖의 시간》 제이 그리피스, 박은주 옮김, 당대, 2002.

《실천윤리학》 피터 싱어, 황경식·김성동 옮김, 연암서가, 2013.

《쓰레기가 되는 삶들》 지그문트 바우만, 정일준 옮김, 새물결, 2008.

《얼마나 있어야 충분한가》 로버트 스키델스키·에드워드 스키델스키,
  김병화 옮김, 부키, 2013.

《에코데믹, 끝나지 않는 전염병》 마크 제롬 월터스, 이한음 옮김, 책세
  상, 2020.

《에코의 함정》 헤더 로저스, 추선영 옮김, 이후, 2011.

《에콜로지카》 앙드레 고르스, 임희근·정혜용 옮김, 갈라파고스, 2015.

《온 삶을 먹다》 웬델 베리, 이한중 옮김, 낮은산, 2011.

《원은 닫혀야 한다》 배리 카머너, 고동욱 옮김, 이음, 2014.

《이것은 변기가 아닙니다》 조재원·장성익, 개마고원, 2021.

《이것이 모든 것을 바꾼다》 나오미 클라인, 이순희 옮김, 열린책들, 2016.

《인류세》 얼 C. 엘리스, 김용진·박범순 옮김, 교유서가, 2021.

《인류세》 클라이브 해밀턴, 정서진 옮김, 이상북스, 2018.

《인류세의 모험》 가이아 빈스, 김명주 옮김, 곰출판, 2018.

《인류세: 인간의 시대》 최평순·EBS 다큐프라임 〈인류세〉 제작팀, 해나무, 2020.

《인수공통 모든 전염병의 열쇠》 데이비드 콰먼, 강병철 옮김, 꿈꿀자유, 2020.

《자본주의가 쓰레기를 만들어요》 장성익, 풀빛미디어, 2018.

《자연의 권리》 데이비드 보이드, 이지원 옮김, 교유서가, 2020.

《작은 것이 아름답다》 E. F. 슈마허, 이상호 옮김, 문예출판사, 2022.

《작은 것이 아름답다, 새로운 삶의 지도》 장성익, 너머학교, 2016.

《잘 있어, 생선은 고마웠어》 남종영, 한겨레출판, 2017.

《잡식동물의 딜레마》 마이클 폴란, 조윤정 옮김, 다른세상, 2008.

《적을수록 풍요롭다》 제이슨 히켈, 김현우·민정희 옮김, 창비, 2021.

《전문가주의를 넘어》 이영희, 한울아카데미, 2021.

《지속 불가능 자본주의》 사이토 고헤이, 김영현 옮김, 다다서재, 2021.

《지식의 역습》 웬델 베리, 안진이 옮김, 청림출판, 2011.

《찬미받으소서》 프란치스코 교황, 한국천주교주교회의, 2021.

《침묵의 범죄 에코사이드》 조효제, 창비, 2022.

《클라이브 폰팅의 녹색 세계사》클라이브 폰팅, 이진아·김정민 옮김,
  민음사, 2019.

《탄소 민주주의》티머시 미첼, 에너지기후정책연구소 옮김, 생각비행,
  2017.

《탄소 사회의 종말》조효제, 21세기북스, 2020.

《탈성장 개념어 사전》자코모 달리사 외 엮음, 강이현 옮김, 그물코,
  2018.

《플루리버스》아르투로 에스코바르, 박정원·엄경용 옮김, 알렙, 2022.

《한 알의 모래에서 세계를 본다》장성익, 이상북스, 2020.

《환경사회학》구도완 외, 한국환경사회학회 엮음, 한울아카데미, 2016.

《환경에도 정의가 필요해》장성익, 풀빛, 2020.

《환경정의를 위하여》토다 키요시, 김원식 옮김, 창비, 1996.

《환경주의자가 알아야 할 자본주의의 모든 것》존 벨라미 포스터·프레
  드 맥도프, 황정규 옮김, 도서출판 삼화, 2012.

《Animals' Rights 동물의 권리》헨리 스티븐스 솔트, 임경민 옮김, 지에
  이소프트, 2017.

《10대와 통하는 동물 권리 이야기》이유미, 철수와영희, 2017.

그럼에도 지구에서 살아가려면

종말로 향하는 지구의 방향을 바꿀 9가지 녹색 제안

초판 1쇄 인쇄 2024년 2월 5일
초판 1쇄 발행 2024년 2월 15일

지은이 장성익

펴낸이 흥석
이사 홍성우
인문편집부장 박월
책임편집 조준태
편집 박주혜
디자인 김혜림
마케팅 이송희 김민경
제작 홍보람
관리 최우리 정원경 조영행 김지혜

펴낸곳 도서출판 풀빛
등록 1979년 3월 6일 제2021-000055호
주소 07547 서울시 강서구 양천로 583 우림블루나인 A동 21층 2110호
전화 02-363-5995(영업), 02-364-0844(편집)
팩스 070-4275-0445
홈페이지 www.pulbit.co.kr
전자우편 inmun@pulbit.co.kr

ISBN 979-11-6172-912-1 03330